Numerologia
A Chave do Ser

Luiz Alexandre Junior

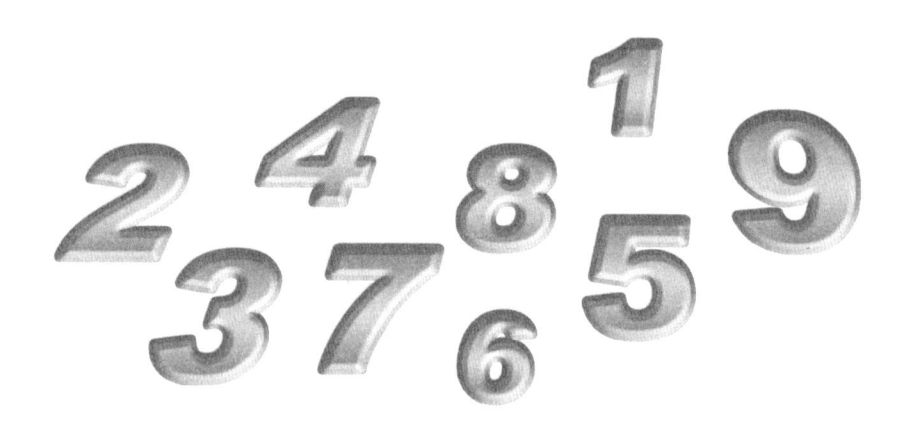

Numerologia
A Chave do Ser

© 2023, Madras Editora Ltda.

Editor:
Wagner Veneziani Costa

Produção e Capa:
Equipe Técnica Madras

Revisão:
Arlete Genari
Ana Paula Luccisano

Dados Internacionais de Catalogação na Publicação (CIP)
(Câmara Brasileira do Livro, SP, Brasil)

Alexandre Junior, Luiz
Numerologia : a chave do ser / Luiz Alexandre Junior. -- São Paulo : Madras, 2023.
Bibliografia.
2ed
ISBN: 978-85-370-1041-9

1. Esoterismo 2. Numerologia I. Título.
17-01153 CDD-133.335

Índices para catálogo sistemático:
1. Numerologia : Ciências ocultas 133.335

É proibida a reprodução total ou parcial desta obra, de qualquer forma ou por qualquer meio eletrônico, mecânico, inclusive por meio de processos xerográficos, incluindo ainda o uso da internet, sem a permissão expressa da Madras Editora, na pessoa de seu editor (Lei nº 9.610, de 19/2/1998).

Todos os direitos desta edição reservados pela

MADRAS EDITORA LTDA.
Rua Paulo Gonçalves, 88 – Santana
CEP: 02403-020 – São Paulo/SP
Tel.: (11) 2281-5555 – (11) 98128-7754
www.madras.com.br

Dedicatória

 Este livro eu dedico a minha filha Huanayra e a sua geração. Não que este livro deva ser usado como referência por ela ou por qualquer outra pessoa. Como pai, sei que para ela valerá muito mais ler Pitágoras, Nietzsche, Jung ou Mário de Andrade. Com certeza darão muito mais contribuição a sua formação intelectual e moral, e decerto a tornarão um espírito mais livre e evoluído. Da minha parte só posso lhe deixar, além do meu amor, o legado do meu conhecimento, que, embora traduzido em postulados de numerologia, espero possa lhe servir de inspiração para continuar a repassar às próximas gerações não a numerologia, mas a atitude de não se acomodar diante da realidade imposta e aparente, lutando pela sua liberdade e a de todos os seus semelhantes.

Agradecimentos

Quero agradecer a três pessoas em especial: meu pai, Luiz Alexandre; minha mãe, Olivia Alexandre, pela lição de amor, desapego e espiritualidade; e a minha eterna professora Lúcia, a quem sou grato por me amar e tirar da caverna.

Luiz Alexandre Junior

Índice

Prefácio 11
Intrdução 15
1. A Filosofia de Pitágoras e a Numerologia 21
2. O Espírito 29
3. A Reencarnação 41
4. O Número 49
5. A Numerologia 55
Cálculos 63
6. A Interpretação dos Números 67
    Número 1 68
    Número 2 73
    Número 3 78
    Número 4 84
    Número 5 90
    Número 6 97
    Número 7 103
    Número 8 110
    Número 9 116

7. Análise da Matriz do Nome 122
    Casa 1 Estômago/Pensamento 123
    Casa 2 Coração/Pensamento 124
    Casa 3 Cabeça/Pensamento 124
    Casa 4 Estômago/Atividade 125
    Casa 5 Coração/Atividade 125
    Casa 6 Cabeça/Atividade 126
    Casa 7 Estômago/Eficiência 126
    Casa 8 Coração/Eficiência 127
    Casa 9 Cabeça/Eficiência 127
8. Oráculo, o Mapa Numerológico 130
    Montagem dos Mapas 133
Bibliografia 139

Prefácio

Pensei muito em qual seria a abordagem mais adequada ao escrever o prefácio deste livro, cujo convite acredito ser fruto das longas conversas e incursões sobre temas metafísicos que tive o prazer de compartilhar com o autor.

Falar sobre o conceito, a seriedade e a aplicabilidade da numerologia seria talvez mera redundância, pois o leitor terá a oportunidade de absorver estes ensinamentos didaticamente explicados por um dos seus mais brilhantes estudiosos.

Assim, ao terminar esta instrutiva e fascinante leitura, ocorreu-me que uma forma de completá-la seria com meu próprio testemunho, enfocando o aspecto prático da numerologia, ou seja, relatando aqui como as pessoas que se submetem a uma análise numerológica adquirem um entendimento mais profundo do seu eu e se conscientizam dos processos psicológicos e espirituais que guiam sua existência.

Tive a oportunidade de presenciar, e posteriormente acompanhar, como muitos consulentes, alguns grandes amigos, desenvolveram uma nova forma de compreensão diante de uma série de situações com que a complexidade da vida nos presenteia dia após dia. O que parecia a princípio mera curiosidade por ouvir uma análise numerológica, baseada em conhecimentos totalmente desconhecidos para essas pessoas, tem se transformado num processo terapêutico extremamente rápido e eficaz. Mas por que conseguiram extrair da análise um resultado tão benéfico? Simplesmente porque escolheram receber esta gama de informações com a mente e o coração abertos, sem o prejulgamento de um raciocínio cartesiano limitado, permitindo assim que elas iluminassem parte da obscuridade do seu plano inconsciente, acalmando a inquietude de uma alma repleta de perguntas sem respostas.

Compartilhei com essas pessoas momentos de incerteza e ansiedade pelas novas descobertas; ofereci meu ombro para consolar as lágrimas que as emoções provocam quando a verdade não consegue mais se esconder da realidade e, diante dela, tem de ser enfrentada; dividi o silêncio da alma assimilando a mensagem e o medo de enfrentar a descoberta do carma. Mas diante de uma nova perspectiva também pude perceber um novo brilho surgir em olhares antes abatidos pela inconsciência, o desconhecimento e a incompreensão do incômodo que chamamos de dor.

Certamente, para frustração do autor, a maioria dos "consultados" não se aprofunda em analisar as informações, transformando-as em dádivas que contribuem para o autoconhecimento.

Mas a possibilidade de ver a vida como um processo mais amplo, cujos tentáculos vão muito além da nossa referência egocêntrica, pois não somos o centro do universo, apenas parte dele, cria nos seres uma nova percepção e a alma experimenta uma sensação de alívio em virtude dessa nova consciência. É o momento em que compreendemos e acreditamos que seremos felizes se assumirmos nossa missão e exercitarmos nossas habilidades e talentos, sempre fluindo com a vida, nunca nos confrontando com ela. É o momento em que tudo fica mais claro, mais lógico. É quando deixamos de nos sentir abandonados pelo grande Espírito, como seres fragmentados que ainda somos neste ponto da evolução humana. E é nesse momento que podemos fazer novas escolhas e que optamos por enfrentar a vida dentro de uma nova ótica.

Provocamos mudanças em nossas vidas quando alguma coisa nos incomoda muito. A profundidade de uma análise numerológica, assim como de muitos outros instrumentos disponíveis, pode ser o caminho adequado para nos ajudar a encarar esse incômodo.

Assim, espero que a lei da sincronicidade das coisas, que acredito estar agindo neste momento, permita que você, leitor, sintonize suas questões internas na busca de respostas para os seus incômodos e, por meio dos ensinamentos deste divino postulado milenar, presente de alguns iluminados, abra as portas para uma nova consciência com base no entendimento do passado, no conhecimento do presente e nas oportunidades do futuro.

Maria Cristina Ortiz de Camargo

Introdução

Este trabalho é o resultado dos meus últimos 30 anos de inquietação. Talvez mais que uma inquietação, o livro represente uma frustração acumulada depois de centenas de consultas numerológicas feitas, quando, dia após dia, eu via muitas pessoas deixarem o meu escritório, apesar de perplexas com as informações e algumas extremamente agradecidas, ainda sem saber absolutamente nada sobre numerologia, sobretudo a sua, seus fundamentos, sua força e, principalmente, sua utilidade prática. Por vezes achei que a minha forma de exposição fosse falha e que talvez, se a mudasse, conseguiria melhores resultados. Ledo engano. Com o passar do tempo percebi que elas estavam ali, diante de mim, apenas e tão somente para que eu lhes desse todas as informações, sem esforço, sem trabalho mental nem desgaste psicológico algum.

E mais, que desse soluções para seus problemas imediatos, quase sempre os mesmos: amor, infidelidade, trabalho e família.

Não estavam diante de mim para o autoconhecimento, tampouco para encontrar mecanismos que melhorassem sua eficiência diante das escolhas, escolhas essas que se iniciaram muito antes da chegada delas para a vida terrena. Estar aqui já havia sido uma escolha, estar aqui era atuar sob um plano preestabelecido que elas mesmas traçaram para si. Se para mim a numerologia era a prova cabal disso, o mesmo não acontecia com os meus "analisados". Essa informação sempre passou despercebida.

Eu sempre me questionava se jamais haviam se perguntado de onde eu tirava aquelas informações sobre elas. Será que acreditavam estar diante de uma entidade incorporada, um preto-velho ou um feiticeiro cigano? Como fazê-las entender que o que eu fazia era simplesmente interpretar, ler os próprios códigos deixados por elas, disponíveis no nome e na data de nascimento, e que elas, se assim quisessem, fariam o mesmo, até com mais eficiência que eu?

Sempre me incomodou e eu sempre rechacei a palavra "esotérico" ou a expressão "ciências ocultas". Para mim o "oculto" não existe. Tudo está posto na natureza (material e espiritual). O conhecimento é como uma onda que está solta viajando a nossa volta e por todo o Universo. Ele está disponível para quem quiser pegá-lo. Não há necessidade de ser mágico ou guru; não precisa ser iluminado ou o escolhido, tampouco apelar para a divindade suprema. Basta apenas ler o mundo com todos os mecanismos de que dispomos. Nosso espírito está dotado de todas as faculdades necessárias para fazer essa leitura, e mesmo aqueles que não têm o viés espiritualista, ou que simplesmente não acreditam nisso, irão concordar que conhecer é uma condição inerente a todos os homens.

Sei que meu questionamento não é algo pontual nem novo; ele tem raízes históricas e que estão postas há muitos séculos. Mas pude, por meio dessas centenas de pessoas que vieram até mim fazer a numerologia, reforçar a tese de que, no nosso contexto, todo e cada homem, do nascimento à morte, caminham pela impessoalidade. Ele não se questiona enquanto homem ou como eu.

Nós nos questionamos como homens urbanos e imersos no contexto social que herdamos, mas a nossa identidade ("quem sou eu?") depende da correlação entre as respostas a estas duas perguntas: "quem sou eu enquanto homem (espírito)" e "quem é este homem particular que se expõe como eu".[1] Muitos de nós passamos a vida inteira sem sequer nos darmos conta da existência e da ação do nosso espírito, e nos restringimos a pensar, viver e agir como se só existissem o eu social e o contexto no qual estamos inseridos, atuando como se esse eu, e somente ele, fizesse parte da verdade e da nossa realidade e que tudo fora isso fosse obra da religião, dos filósofos e dos fanáticos espiritualistas.

Seja como for, a pretensão de que posso, por intermédio deste trabalho ou das minhas análises numerológicas, contribuir para a solução desse problema é utopia. Dizer isso também é desnecessário, mas é importante que eu frise para evitar assim futuras inquisições. O que tento aqui nestas páginas é demonstrar que a numerologia não é ocultismo, magia, misticismo nem instrumento para falsários ganharem dinheiro, já que alguns dos argumentos que os sustentam e mantêm intactos seu poder e *status* são a crendice e a ignorância das pessoas sobre o tema. Isso por causa da forma obtusa e hermética com que são disponibilizados os conhecimentos "esotéricos" da numerologia, e daquilo que está "exotérico", quase sempre carregado de misticismo e soluções milagreiras, a ponto de se dizer que basta trocar de nome e colar uma letra ou número a mais na porta da sua casa, do seu carro ou do seu escritório para mudar toda a sua sorte.

O que farei é expor como eu entendo a numerologia pitagórica, o que estudei, aprendi e pratiquei durante esses 30 anos. Tentarei demonstrar sua utilidade prática e discutir postulados que há muito foram esquecidos pelos numerólogos, muito disso devido à falta de entendimento histórico e filosófico, pela

---
1. Critelli, Dulce Mara, *Existência fascinada*, 1985.

falta de atualização científica e por ficarem atrelados somente à baixa numerologia (comportamento), assim como querem os místicos e muitos psicólogos responsáveis pelas alterações feitas na numerologia durante o século passado, reduzindo-a a mera interpretação mística do comportamento.

Primeiramente a numerologia não pode ser entendida sem quatro elementos básicos: a filosofia, não só pela presença do grande filósofo Pitágoras e dos grandes pitagóricos como Sócrates, Platão, Filolau, Euclides e outros, mas fundamentalmente pelo seu aspecto ontológico, ou seja, na busca de entender o ser que habita cada ente; o espírito, por ser a entidade inteligente que age na matéria, ou seja, o ser que habita o ente humano; a reencarnação como mecanismo utilizado pelo espírito para a interação com a matéria, objetivando a evolução e a redenção; e finalmente os números (*arithmós*), como entidades intermediárias entre o ser supremo (Deus), o Um (princípio vital, que não é numérico) e os outros seres.[2]

Para os pitagóricos, há um número da conta, do cálculo e da medida, a matemática imanente, e outro das formas ou ideias, a matemática transcendente. É deste último que a numerologia trata. Um número de ritmo, tempo, simetria e essência que, além de permitir tornar presente o que está ausente (símbolo), identifica a corda que cada espírito toca no Universo, como veremos no decorrer desta exposição.

A numerologia nada mais é do que um código de acesso ao entendimento dessa entidade que chamamos de espírito e a demonstração matemática de sua existência. O código que marca seu comportamento, maneira de agir no mundo e com as pessoas, bem como as lições a serem aprendidas, está no nome; a missão e o objetivo da sua vinda na Terra e os acontecimentos futuros estão descritos na sua data de nascimento. Ao contrário do que pensamos em relação a quem nos dá o nome, ele é pas-

---
2. Santos, Mario Ferreira dos, *Pitágoras e o tema dos números*, 2000, p. 237.

sado por você aos seus pais desde o momento da concepção até o final da gestação por comunicação mediúnica (via onda-pensamento), que pode ser na forma de intuição, inspiração ou pelos sonhos. Esses códigos registram o tipo de espírito que está chegando, suas virtudes e dificuldades e como os pais podem ajudá-lo na evolução e na superação das suas falhas, deixando ainda o nome gravado para que você possa ter acesso, durante sua vida terrena, aos dispositivos de memória que estão disponíveis. Imagine a numerologia como um código exato e, por que não dizer, preciso sobre seu projeto de vida nesta sua nova passagem pela Terra.

Palavras como "espírito", "reencarnação", "comunicação mediúnica" são termos que à primeira vista soam como crença e misticismo, mas tentarei demonstrar que seus conceitos não são absurdos ou crendices religiosas. São muito mais reais e presentes no cotidiano do que parecem, e o absurdo está em não considerar tais elementos e afastar de nós o seu entendimento, por preconceito ou ignorância.

A Filosofia de Pitágoras e a Numerologia

Quem de nós já não se perguntou sobre a existência? De onde viemos? O que somos? E para onde vamos depois daqui? Se alguma vez você fez essa pergunta, foi elevado à mesma condição de Pitágoras, Sócrates, Platão, Nietzsche e outros. O termo "filosofia" é atribuído a Pitágoras e significa *philon,* "eu amo", e *sophia,* "saber". Ser filósofo é ser amante do saber (não apenas saber o que há e como se dá, mas também o porquê do que é).[3] Longe de todo o hermetismo linguístico e acadêmico, a raiz do filosofar está sintetizada em sua etimologia; portanto, eu, você e todos os outros somos capazes do ato de filosofar, não precisando temê-lo, achando ser obra de poucos, algo inatingível, impraticável e distante da nossa realidade.

Apesar de serem simples os questionamentos mencionados anteriormente, suas respostas são complexas, ainda mais se levarmos em conta nosso contexto herdado (língua, religião, condição sociocultural, etc.), que nos faz concluir o quão difícil será respondê-los de maneira limpa, imparcial e precisa, sem contar o fato de que estamos presumindo que todos os

---
3. *Idem, ibidem.*

questionamentos tenham respostas, embora na história da humanidade elas continuem em aberto.

Ao acordar pela manhã não é necessário que nos apalpemos para ter certeza de que somos nós mesmos que acabamos de levantar. Ao olhar no espelho, para o chão e para tudo que está a nossa volta não temos dúvida de que nós e as coisas existimos. Esta óbvia e insuspeita certeza nos afasta da necessidade de ficar constantemente nos perguntando sobre a vida.

"Diante disso, não é de estranhar que o homem seja um ente capaz de se dar ao luxo de abandonar sua identidade (enquanto homem) para viver a identidade social, sem que esse encobrimento cause constrangimento ao substituir aquilo que se é pelo que se imagina ser ou pelo ideal de ser social".[4] Ele ganha em troca um aparente conforto, que só é perturbado em seus momentos de depressão, e só se dá conta da presença de algo mais diante das situações-limite da vida (dor, culpa, sofrimento e morte). Dessa angústia é que brota o filosofar, tanto na história da humanidade como na vida de cada um de nós. Enquanto não nos sentimos incomodados e estamos seguros sob os braços do enredo social e apegados a nossas convicções, não procuramos aquelas respostas, até porque elas não fazem sentido, já que estamos seguros de que somos a imagem que fazemos das coisas e de nós mesmos.

A distorção entre o real (aquilo que se é) e a representação (o ideal de ser social) no mundo moderno faz com que o "ser" dê lugar para o "ter". O coletivo toma o lugar do individual e ser homem passa a ser aquilo que se pode possuir. Essa afirmação pode ser facilmente comprovada na inocente e frequente pergunta que fazemos a nossas crianças e adolescentes, quando perguntamos "o que você será quando crescer?". Ensinamos a eles desde pequenos que para ser precisam antes se apropriar de alguma coisa, possuí-la, como donos do saber, do poder, da

---
4. Critelli, Dulce Mara, *Existência fascinada*, 1985.

produção, do amor, da mercadoria, da moral, etc. Lançados e lançando nossos descendentes nessa busca desenfreada pelo poder e pelo consumo, contribuímos não só para a falsificação da identidade, mas também para o encobrimento de todos os sentimentos e atributos humanos.

Depois desse preâmbulo, a relação entre a numerologia e a filosofia também não carecerá de muito aprofundamento, principalmente se juntarmos às duas o nome de Pitágoras, embora muitos de nós só consigamos até então fazer menção ao seu teorema, que custamos a aprender nos tempos do ensino fundamental. Sua importância no pensamento ocidental, do qual nós somos herdeiros, vai muito além disso. Pitágoras inaugurou uma nova maneira de pensar em seu tempo, fato este que possibilitou o desenvolvimento do pensamento grego, eternizado por Sócrates, Platão, Aristóteles e outros. Aristóteles ainda foi o responsável pela distorção do pensamento pitagórico, influenciando e distanciando muitos pensadores posteriores a ele, em função de sua interpretação superficial, porque calcava sua crítica na visão dos pitagóricos (discípulos) menores, e não no pensamento do mestre de Samos, como nos mostra o filósofo Mario Ferreira dos Santos em seu livro *Pitágoras e o tema dos números*.[5]

Não há escritos deixados por Pitágoras. Muito do que se tem até hoje foi escrito séculos depois da sua morte. Boa parte do que é atribuído a ele foi afirmada por discípulos que sequer o conheceram. Durante muito tempo se pensou que ele fosse somente uma lenda, obra da imaginação de seus fanáticos discípulos que, com raras exceções, sempre mistificaram os seus ensinamentos. A história também registra vários personagens chamados Pitágoras que, embora atuassem em outros setores, foram muitas vezes confundidos com o mestre de Samos. Outro fato relevante e importante é que ele não deixou registros, numa época em que muitos de seus contemporâneos escreveram, o que faz

---
5. Santos, Mario Ferreira dos, *Pitágoras e o tema dos números*, 2000, p. 237.

com que alguns estudiosos desconsiderem sua importância histórica. Na verdade, sua existência está calcada na extensa obra deixada por seus seguidores e discípulos, influenciados por seu pensamento. Em outros casos, seu atestado de existência vem da veemente negação de seus postulados por seus críticos, como Aristóteles.

Talvez esta seja a sina dos grandes avatares, a exemplo de outros personagens como Sócrates, Jesus e Buda, que, como Pitágoras, não deixaram obras escritas. Boa parte de seus postulados, pelo menos aqueles que chegaram a nossas mãos, foi distorcida pela interpretação dos seus discípulos. É certo que mesmo ao pesquisador mais atento será difícil distinguir qual é o pensamento do mestre e qual é o de seus discípulos, mas não podemos negar o fato de que há séculos culturas e sociedades são edificadas e muitas pessoas conduzem suas vidas e a de seus filhos baseadas nesses ensinamentos. Podemos concluir que, embora as pessoas tenham o mestre como referência, é bem provável que estejam se baseando na interpretação de seus discípulos.

O que se sabe de fato, pelo cruzamento de vários fragmentos estudados, é que Pitágoras de Samos viveu por volta de 569 a.C. a 470 a.C. Sua bagagem cultural foi formada durante viagens ao Oriente, quando passou pelo Egito, onde foi discípulo do sacerdote Sonchi, e pela Babilônia, onde conheceu Zaratustra ou Zoroastro. E em Creta, em sua volta à cidade natal, fundou uma escola, mas por problemas políticos abandonou a cidade para residir no Sul da Itália, onde fundou uma ordem moral-religiosa que se expandiu por várias cidades ao redor, influenciando até o modo de vida político e social de todas elas. Posteriormente atraiu a ira de governantes que proibiram a prática de seus ensinamentos, iniciando um período de perseguição ao pitagorismo e aos pitagóricos.[6] Esse fato obrigou Pitágoras a tornar sua prática secreta e dificultar o acesso aos

---
6. *Idem, ibidem*, p. 61-67.

ensinamentos mais superiores da ordem, evitando assim que espiões se infiltrassem nas escolas. Isso desfaz o mito das chamadas sociedades esotéricas, pelo menos as pitagóricas. O que a história mostra é que, na verdade, o fato de serem secretas se deve mais à questão política do que à preservação dos ensinamentos. Consta também que Pitágoras baseava seu modo de vida num sistema que poderíamos chamar "comunista", em que homens e mulheres compartilhavam as riquezas e o conhecimento e, convenhamos, se isso nos dias de hoje já seria motivo para retaliação, imagine-se naquela época.

Embora esses fatos nos ajudem a entender um pouco a mistificação de Pitágoras e seus postulados, o que interessa para nosso estudo de numerologia na verdade não é quem foi e como viveu Pitágoras, mas sua filosofia e sua interpretação dos números.

Para Pitágoras, o ser que habita cada ente é alguma coisa que há, que houve e sempre haverá. O ser é a parte divina em nós, mas ao homem não seria possível conhecer Deus sob todos os aspectos porque a mente humana, por ser limitada, não consegue captar a plenitude da divindade. Mas por meio das coisas seria possível ao homem conhecer de certo modo a divindade, já que as coisas são compostas de números,[7] portanto passíveis de serem conhecidas. Para ele, o número é a chave que nos dá acesso ao conhecimento do mundo sensível e nos coloca próximos da compreensão da divindade. Seu princípio é o mesmo do ser. Pitágoras afirmava que havia dois tipos de número: aquele que está nas coisas e aquele que as coisas copiam. Portanto, há um número que está na coisa, o número concreto, e outro que antecede a coisa, o número eidético. Este ponto é fundamental para que possamos entender a numerologia, o que veremos mais profundamente nos próximos capítulos.

---

7. *Idem, ibidem*, p. 72.

No mundo grego de Pitágoras, acreditava-se em dois planos: um mundo superior ou das ideias puras e imutáveis, onde residem as divindades ou as formas perfeitas, e o outro mundo, o das aparências, da cópia, do fenômeno e da mutação das coisas. Essa concepção de mundo vem do orfismo grego, uma forma mítico-religiosa que imperava na época e que pregava um mundo feito à imagem e vontade dos deuses.

Apesar de ainda estar intimamente ligado a essa concepção religiosa de mundo, Pitágoras traz um elemento que o coloca acima da visão moral-religiosa: a demonstração (o cálculo). Para ele, o conhecimento só poderia ser alcançado pela suprema instrução do saber culto que é a matemática. O filósofo deve saber expressar seus conhecimentos de maneira clara e provar (demonstrar) suas teses, seguindo as normas da matemática, que ele chamava de metamatemática, a verdadeira filosofia, porque se assenta em bases objetivas e universalmente válidas, afastando-se assim do subjetivismo da opinião "ao considerar que o número é o fundamento de todas as coisas[;] ele introduziu o cálculo na física e aliou a matemática à ciência, o que permitiu o grande progresso que esta conheceu."[8] Embora os egípcios e chineses já empregassem a técnica da demonstração, foi com Pitágoras que a matemática deu um enorme salto epistêmico e novos contornos às formas antigas do pensamento grego, iniciando uma nova maneira de encarar o mundo, que teve seu ápice em Sócrates e Platão – embora eles nunca tivessem afirmado publicamente serem pitagóricos,[9] até porque nessa época a prática do pitagorismo era proibida.

A numerologia certamente tem raízes na filosofia pitagórica, mas não podemos afirmar que seja Pitágoras o seu inventor. Um raciocínio mais apurado nos leva a uma segunda questão, talvez até mais provável, a de que a numerologia, tal como a

---
8. *Idem, ibidem*, p. 71.
9. *Idem, ibidem*, p. 70.

conhecemos, pode ter sido desenvolvida ao longo dos tempos por alguns de seus discípulos. Após a morte de Pitágoras, consta que os pitagóricos se dividiram em dois grupos: os acumásticos, que pregavam os rituais de purificação, iniciação e os ensinamentos orais, e os matemáticos, que desenvolviam as teorias cosmológicas e a geometria. Podemos supor que a prática da numerologia tenha se desenvolvido no seio do grupo que tinha mais tendências místicas.

Em virtude da facilidade de compreensão e aprendizado da prática numerológica – já que esta se baseia em cálculos de aritmética básica –, eles conseguiram transformar essa prática, que era usada inicialmente para demonstrar matematicamente a existência e a forma de atuação do ser, no verdadeiro conhecimento pitagórico. A partir desse momento, a numerologia deixou de ser um meio para ser o fim em si mesma e ocupou um lugar isolado na História, tendo autonomia, portanto, para desenvolver-se sem manter a fidelidade filosófica. Não precisaremos ir muito longe. Basta nos fixarmos principalmente nos séculos XIX e XX, quando se tem o maior número de obras sobre o assunto, e constataremos a forte influência de místicos, psicólogos, terapeutas holísticos e alguns matemáticos, o que por si só nos traz certa desconfiança e nos remete à discussão do início do capítulo sobre a questão imparcial, limpa e precisa da análise das questões cruciais. Não estou com isso me desfazendo da contribuição inegável que cada um deles traz para a numerologia, mesmo porque, na História, nossa tendência é a evolução, e não podemos achar que o conhecimento tenha nascido e findado com os precursores (mestres). Até porque isso seria, além de uma burrice, um absurdo. O que estou defendendo é a manutenção da premissa básica, que é filosófica e não mística, como faz boa parte dos numerólogos.

Se a numerologia é pitagórica, em primeiro lugar seu objetivo é entender o ser que habita cada ente. Em segundo, sua prática é a demonstração matemática da existência desse ser, porque para Pitágoras uma tese só poderia ser válida se ela passasse pelo crivo das leis matemáticas. E, por último, sua análise de número evidencia necessariamente dois planos, um concreto, que está nas coisas e no nosso cotidiano, e um eidético, que antecede as coisas, ou seja, antes da chegada desse ser ao mundo carnal. Portanto, a análise jamais se restringirá a um só plano, como foi praticada nos séculos passados, principalmente no século XX, em que a baixa numerologia (comportamento) imperou.

Para iniciarmos nosso aprendizado, devemos entender que a numerologia é a busca do ser. Ela se funda na demonstração matemática de como esse ser interage nos dois planos e com os outros entes providos de ser.

O Espírito

As discussões acerca do espírito e da reencarnação são controversas e sempre tendem a cair no terreno religioso e místico. Infelizmente, o ônus da prova ainda tem ficado sobre a fé e não sobre a ciência. Podemos até considerar o fato de que com o advento da mecânica quântica, no século passado, lançaram-se novas luzes ao assunto, e com certeza poderemos esperar que esses conceitos passem ao longo deste século XXI a não ser mais laboratório da fé e da religião e sejam, definitivamente, objeto de estudo da ciência, apesar de a realidade de hoje indicar que a distância ainda continua. De qualquer modo, este assunto mereceria milhares de páginas, anos de estudo e muito avanço tecnológico para entendermos de fato esses dois conceitos. Para o nosso estudo de numerologia, contudo, poderemos utilizar alguns conceitos básicos e simples que nos ajudarão a continuar nosso raciocínio, sem que com isto descambemos para o misticismo.

Já vimos que a numerologia sai da raiz da filosofia pitagórica. Seu objetivo é a compreensão do ser dentro dos dois planos, o mundo sensível ou das aparências, onde estão os fenômenos e o nosso mundo cotidiano, e o mundo das ideias ou das formas perfeitas, onde estão as coisas que antecedem nossa chegada à

Terra, o chamado mundo espiritual; e, por fim, do número, que é a chave que permitirá o acesso a esse conhecimento.

Todos nós, pelo menos no contexto brasileiro, temos em nosso imaginário a noção de céu e inferno. No senso comum, o inferno estaria abaixo da terra, mais exatamente nas suas profundezas, e seria o abrigo daqueles que praticaram maldades em sua vida terrena e do diabo. Para muitos, ainda, o inferno seria a própria vida na Terra; e o céu estaria bem acima de nossas cabeças – e de fato está –, e seria a residência dos homens bons depois de sua vida terrena, dos santos e de Deus. Podemos observar que a noção que é senso comum de céu e inferno, se não é idêntica à pensada pelos gregos, em especial os pitagóricos, é bem semelhante, principalmente no que se refere à presença de dois mundos. Essa semelhança, assim como muitas outras, se deve ao fato de que muitas religiões tomam como base epistêmica para seus postulados doutrinários a interpretação das obras dos filósofos gregos, cuja ideia de um mundo harmônico e perfeito contrasta com o caos e a barbárie do nosso mundo cotidiano. Assim, um mundo perfeito, onde se possa obter a redenção, traz não só o conforto e a acomodação, como também assegura uma certa estabilidade das bases sociais vigentes.

Chegar até esse ponto ainda não fere nenhuma de nossas convicções mais tradicionalistas nem causa nenhum choque conceitual entre ciência e religião. Além do mais, no campo dos mundos de atuação do ser, do primeiro, que é o das aparências, a ciência já vem se ocupando há muito tempo, e as descobertas da física, da medicina, da psicologia e até da genética não nos causam mais estranheza e provam a cada dia nosso domínio e conhecimento sobre o mundo sensível. Quando pensamos no outro mundo, o mundo puro, imutável, das ideias perfeitas e invisíveis, nossa compreensão começa a encontrar obstáculos, tanto no campo religioso como no científico. No campo religioso, a questão esbarra na fé, que elimina a necessidade de razão e provas. Sua base é vaga e possibilita a qualquer um torná-la verdadeira pelo simples testemunho de uma visão. No campo científico, a questão esbarra no método e na inexistência de "aparelhos" que possam detectar a presença do ser após a morte biótica do ente. Quando colocada diante de questões como a do espírito e da reencarnação, a ciência se fecha e empurra novamente a problemática para a religião. Outro fato é que ela não se ocupa em resolver essas questões; seu objetivo fundamental visa, em tese, ao conhecimento, à preservação e à evolução da vida. Pensar em algo além da vida constitui uma questão fora de proposição. Talvez a ciência tenha seguido as palavras de Jesus: "Os mortos que cuidem dos seus mortos".

Diante disso, constatamos que se no campo sensível há elementos e provas suficientes, o mesmo não ocorre no campo das formas perfeitas. Essa tarefa ainda é difícil de ser pensada sem o viés religioso, que contém o dispositivo da fé. Aproveitamos esse impasse para nos apropriar de um conhecimento posto no século XIX, mais precisamente em 1857, pelo cientista e educador francês Hippolyte Léon Denizard Rivail. Seu pseudônimo era Allan Kardec. Esse novo postulado filosófico ficou posteriormente conhecido no Brasil e no mundo como espiritismo. Kardec traz, diferentemente das outras religiões, alguns postulados que nos dão pistas mais precisas sobre o mundo invisível preconizado por Pitágoras e seus contemporâneos. Ele define como "espírito" o que antes era denominado "ser" (apesar de não ser novidade no pensamento filosófico). E mais: define a sua fisiologia, o lugar que ocupa no espaço e no corpo físico, como se integra em estruturas de corpos materiais (encarnar e reencarnar) e, o fato mais importante, como se comunica. Essa perspectiva, apesar de ter ficado sempre atrelada à religião, pode ser considerada um avanço filosófico e científico, apesar de provocar rupturas conceituais nos dois campos. A filosofia de Kardec propõe uma junção entre ciência, religião e filosofia, tanto no discurso como na prática. Mas deve-se ressaltar que, na realidade, isso ainda não acontece com seus seguidores, os quais, como a maioria das outras filosofias espiritualistas, vivem presos ao campo religioso. Mas o que estamos considerando neste estudo são as propostas feitas por Kardec e não o que é feito em termos de prática religiosa.

Antes de nos atermos ao uso da palavra "espírito" e entender sua relação com a numerologia, vamos substituir a palavra "ser" pela palavra "espírito". A palavra "espírito" nos foi emprestada da literatura francesa, em que aparece com o nome *génie*, cujo significado, *talent né*, tem, em português, o sentido de "inteligência inata".[10]

Vamos elucidar alguns tópicos acerca do espírito, de acordo com a filosofia de Kardec.

1) Os espíritos são seres inteligentes, imateriais e individuais que habitam o Universo. Para atuarem na crosta terrestre, criaram um modelador biológico chamado "perispírito", que é igual ao corpo denso, só que mais sutil. Segundo a filosofia, portanto, o ser humano seria formado pelo corpo denso, perispírito e o espírito, que comanda todos os atos dos outros corpos.

2) São dotados de um conjunto de faculdades (aptidões inatas), que lhes formam a mente. Essa definição implica que a inteligência pertinente ao ser humano não reside em nenhuma região da massa encefálica, mas sim em um ser que se integra à estrutura biológica que forma o corpo humano. As faculdades são: instinto, inteligência, irritabilidade, percepção, livre-arbítrio, força de vontade, discernimento,

---
10. Sanchez, Wladimyr, *Desmistificando o dogma da reencarnação*, 2002.

imaginação, consciência, memória, mediunidade, sensibilidade, razão, pensamento, telepatia e vidência.

3) Eles podem se apresentar de duas formas: encarnada, quando envoltos em um corpo de carne (físico denso), e desencarnada (perispírito), quando não possuem mais o corpo físico denso e habitam o espaço, tanto na crosta como na atmosfera, local chamado "erraticidade".

4) Os espíritos desencarnados agrupam-se no espaço atmosférico (erraticidade), em colônias e cidades que variam de características conforme o grau evolutivo de seus habitantes. Em cada colônia e cidade agregam-se famílias espirituais, bem mais numerosas que as de encarnados. A união de famílias espirituais que interagem entre si forma uma falange, que é uma unidade bem maior. O critério de formação de falanges é o da sintonia e afinidade de pensamentos.

5) Eles se comunicam pelo pensamento, que é uma onda mento-eletromagnética que se propaga pelo espaço, e, por meio da faculdade da mediunidade, captam e processam as informações contidas na onda-pensamento. Esta comunicação é feita independentemente da forma em que se encontram – encarnada ou desencarnada.[11] (*Ver figura 1.*)

Esse novo postulado trazido por Kardec foi rechaçado por muitos cientistas da época, até porque muitos dos fenômenos apresentados como provas tiveram sua autenticidade questionada depois da constatação de algumas fraudes; mesmo que

---
11. *Idem, ibidem.*

nenhuma das fraudes tenha tido sua participação, essa teoria foi deixada de lado pela comunidade científica. Outro fato relevante, até muito mais importante e decisivo, é que o século XIX, depois da época áurea dos gregos, foi certamente um dos mais ricos – se não o mais rico – em termos de descobertas e de produção intelectual na história ocidental. Além de ter sido um século de grandes descobertas e de pensadores, o século XIX apresentou uma inquietação social e política tremenda, que, aliada às fraudes, ajudou a comunidade científica da época a não dar importância para os seus postulados.

As questões levantadas por Kardec sobre a imortalidade do espírito e a possibilidade de comunicação após a vida biótica e seu retorno ganham força no século XX, principalmente nos anos 1970, com um grupo de físicos da Universidade de Princeton. Esses cientistas afirmavam, entre outras coisas, que não se poderia mais estudar qualquer fenômeno na natureza sem a presença e a interferência do espírito, que existe um tempo material e outro espiritual, conectados na mesma dimensão, e que os dados contidos na memória não se perderiam nem mesmo após a morte do ente.[12]

No Brasil, o físico Wladimyr Sanchez, autor de *A influência dos espíritos no nosso dia a dia* e *Desmistificando o dogma da reencarnação*, nos dá pistas ainda mais surpreendentes e esclarecedoras sobre o tema. Wladimyr vem se dedicando nos últimos 20 anos a fazer correlações entre as afirmações contidas na literatura espírita, não só das obras de Allan Kardec, mas principalmente dos livros psicografados por Chico Xavier (obras de André Luiz[13]), e os conhecimentos científicos disponíveis, da física, da genética, da antropologia, da psicologia e, principalmente, da mecânica quântica. Tomando como ponto de partida os relatos contidos nesses livros, ele desenvolve um

---
12. Charon, Jean C., *O espírito, este desconhecido*, 1990.
13. Espírito que enviava as mensagens a Chico Xavier.

diagrama de blocos que permite de forma detalhada e didática visualizar a mente e a forma de comunicação do espírito.

Ele explica que as ondas-pensamento são ondas eletromagnéticas, semelhantes às ondas de TV, micro-ondas, luz solar, raios X, raios gama, raios cósmicos e outras. Assim como as ondas de TV, as ondas-pensamento transportam pelo espaço imagens, sons, movimentos, cores, etc. Elas recebem o nome de "mento-eletromagnéticas" e se propagam pelo espaço de forma isotrópica, em determinada frequência e amplitude, podendo percorrer grandes distâncias, deslocando-se na velocidade da luz, que é de 300 mil quilômetros por segundo. A comunicação via onda-pensamento é um processo que ocorre de mente a mente, portanto de espírito para espírito. Para isso, é necessário apenas que haja sintonia entre duas mentes dispostas a se comunicar. Assim, a onda-pensamento de determinada frequência emitida por uma mente pode ser captada e absorvida por outra que oscile na mesma frequência, ainda que ambas estejam a grande distância uma da outra. A comunicação pode ser feita de encarnado para encarnado, de desencarnado para encarnado e vice-versa e, por fim, de desencarnado para desencarnado. (*Ver figura 2.*)

Embora a ação das faculdades seja simultânea, entre as mencionadas e expostas no diagrama de blocos, algumas são importantes e necessárias para nosso estudo de numerologia. Destacamos a mediunidade, a memória, a força de vontade e o livre-arbítrio.

Vamos entender um pouco de cada uma delas, segundo a visão do físico Wladimyr Sanchez:

1) **Mediunidade** – É a faculdade de comunicação dos espíritos. Ela permite que a mente detecte a onda-pensamento, de natureza eletromagnética, transforme-a em onda elétrica equivalente e processe a informação

contida nos pacotes de energia transportados, transferindo-a em seguida para a faculdade pensamento, quando será analisada com sentido crítico que varia de mente para mente, de acordo com o grau de desenvolvimento que possui. A inspiração, a intuição e os sonhos são técnicas de mediunidade. A intuição é o ato ou a capacidade mental de pressentir de maneira clara e imediata alguma ação ou ideia; a inspiração é o ato de estimular a mente a produzir determinada ação variada em conhecimentos novos ou em outros já acumulados, mas que estavam dispersos; e finalmente os sonhos são sequências de fenômenos vividos por nós na fase mais profunda do sono, quando o espírito encarnado vivencia o contato com o mundo espiritual (erraticidade).

2) **Memória** – É a faculdade responsável pela capacidade de fixar, reter, evocar, codificar, decodificar, associar, armazenar em ordem lógica, classificar, reconhecer e recuperar dados, informações, impressões e acontecimentos passados em espaço muito reduzido. Fazendo uma analogia com o sistema de memória do computador, imagine que a mente do ser inteligente também combine a matemática com a tecnologia, que possibilita transformar quase todos os tipos de informação em números, como no caso dos sistemas de numeração binária que trabalham apenas com dois estados, como liga/desliga.

3) **Força de vontade** – É a faculdade que permite representar, na mente, um ato, ação ou ideia que, para ser praticado, necessita de impulso que o incite a atingir o objetivo proposto. A magnitude do impulso que a força

de vontade gera depende do interesse específico na concretização do ato. Esse impulso atua, na realidade, como se fosse o combustível que aciona a onda-pensamento no instante em que ela é irradiada da mente para o espaço exterior. O impulso, fisicamente, é o produto da ação de uma força de intensidade variável que impele a onda-pensamento durante certo intervalo de tempo. Por isso, a força de vontade possui um atributo ou qualidade importante que é a persistência. Persistência é a qualidade de ser constante, de perseverar, de continuar por muito tempo, de prosseguir, de insistir, de perdurar. A atuação da força de vontade no mecanismo de emissão da onda-pensamento é de fundamental importância para que a mensagem que ela transporta em forma de pacotes de energia possa atingir o fim desejado.

4) **Livre-arbítrio** – É a faculdade que proporciona à mente exercer a liberdade de decisão sobre determinada situação, tomando por base o acervo de informações existente na faculdade memória. A tomada de decisão, certa ou errada, depende de dois fatores: do número de informações que se tem disponível sobre aquela situação específica no instante da decisão e da qualidade dessas informações. O processo de decisão não é apenas um sim ou não, mas um complexo sistema do qual participam também, decididamente, as faculdades consciência, discernimento e razão.[14]

À primeira vista, conceber uma comunicação por meio da linguagem do pensamento pode parecer algo extremamente

---
14. Sanchez, Wladimir, *Desmistificando o dogma da reencarnação*, 2002.

fantasioso, mas, se atentarmos parar os fenômenos corriqueiros do nosso dia a dia, as especulações feitas por ele devem ser consideradas. Quem de nós já não pensou em alguém e quase de maneira imediata, ou no mesmo dia, recebeu a ligação desse alguém, que nos surpreende dizendo que também estava pensando em nós? Ou quando sentimos sensações angustiantes no exato momento em que pessoas queridas passam por situações de perigo, ou até relatos frequentes de pessoas que sonham com amigas grávidas antes de o fato se consumar e acertam até mesmo o sexo da criança? São inúmeras as situações como essas que acabam sendo explicadas com a velha e boa "coincidência".

Seria importante destacar que esse processo de comunicação, descrito no diagrama de blocos, não só nos dá uma pista lógica sobre as chamadas coincidências, mas também sobre todos os ditos fenômenos mediúnicos que acontecem, seja nas incorporações de entidades dentro de um centro de candomblé ou de umbanda, seja na revelação do Espírito Santo dos católicos e dos evangélicos, nas cartas da cartomante, até nas operações de curas espirituais e sessões de mentalização. Tudo isso nos faz pensar na provável hipótese de estarmos mergulhados em um mar de ondas-pensamento e, sendo assim, supor que não só cada pensamento emitido por nós vai ao lugar desejado e pode ser captado por qualquer pessoa que esteja na mesma sintonia e frequência, como também os pensamentos de outros podem chegar até nós independentemente da distância, nos atingir e influenciar nossos sentidos e atos cotidianos. Para elucidar melhor esse mar de ondas-pensamento, façamos uma analogia com uma situação corriqueira, que acontece quando adentramos um local que nos dá a sensação de peso ou de acúmulo de energias negativas. O que estamos captando na verdade é a confluência de pensamentos negativos de várias origens, que por um motivo ou outro estão acumulados naquele lugar.

Diante disso, podemos concluir que, além de sermos mais influenciados pelos outros do que pensamos, será difícil saber ao certo se o que pensamos é de fato nosso ou aquilo que captamos do espaço.

Antes de avançarmos na teoria da comunicação entre os espíritos e sua relação com a numerologia, salientamos que as especulações de Wladimyr têm entre outras coisas a preocupação básica de dar respostas lógicas para a comunicação após a morte biótica do ente e não especificamente resolver ou discutir a comunicação formal e clássica.

A técnica da comunicação via ondas-pensamento se baseia na associação de uma onda-pensamento de determinada frequência e amplitude com um símbolo numérico que representa determinada letra. Ao emitir uma mensagem, ela percorre o espaço e atinge um receptor que está na mesma frequência; o receptor codifica a mensagem, transformando essa onda de natureza eletromagnética em onda elétrica equivalente, decodifica a mensagem, transformando os caracteres recebidos em letras e números, organizando-os em forma de palavras e sequências numéricas, respeitando a ordem em que foram enviados, e finalmente montando frases, seguindo as regras de linguagem, e encaminhando a mensagem para a faculdade pensamento, onde ela receberá as devidas análises críticas. A partir desse momento ela perde a identidade, tornando-se igual a qualquer outra gerada na mente. Imagine esse processo numa simples passagem de um nome, entre emissor e receptor. (*Ver figura 3.*)

3

A Reencarnação

O grande problema ao se falar da reencarnação não reside no fato de entrar no campo religioso, mas em afirmar que para entender o conceito teremos obrigatoriamente de saber o que é vida, quando surgiu, qual o seu significado, etc.

Milênios atrás, o mito respondia a todas essas perguntas. Apesar de ainda viver nas entranhas das religiões atuais, o mito foi substituído pela filosofia, que foi, por sua vez, em termos práticos, substituída pela ciência. Hoje, mito, filosofia e ciência voltam à cena mais pela incapacidade de dar respostas satisfatórias que por suas contribuições à história da humanidade.

Nem o homem comum nem o de fé, tampouco o de ciência conseguem resolver a charada da criação da vida. Mas juntos podem comemorar uma certeza, seja qual for a explicação que cada um deles dê para o tema: de que todas as conjecturas são ainda meras especulações, para desespero dos milhares de grupos que defendem cada uma das vertentes. Seja por obra de Deus, do acaso ou de uma sopa química, todas as respostas podem ser consideradas verdadeiras e falsas. Decerto, entre elas há a mais lógica, mas não a verdadeira. Por isso, antes de achar fantasiosas as próximas especulações, reflita sobre esse dado histórico e considere-as como mais algumas entre as várias disponíveis.

Na introdução eu disse que, para entender a numerologia, temos de partir de quatro premissas básicas: a filosofia, o espírito, a reencarnação e o número. Vimos até agora que a numerologia nasce da filosofia pitagórica, que, portanto, ela objetiva a compreensão do ser nos seus dois mundos de atuação, que esse ser é o espírito, não como um ponto imaginário, mas com uma fisiologia definida, que ele age sobre a matéria e sobrevive à morte biótica do ente. Para chegar a esse conceito nos baseamos também, além de Pitágoras, nas abstrações feitas pelo físico Wladimyr Sanchez, nos postulados de Allan Kardec e nos livros psicografados por Chico Xavier, além dos estudos feitos por uma corrente de físicos da Universidade de Princeton na década de 1970.

Por meio dessa teoria verificamos como é possível a comunicação via onda-pensamento; o processo de emissão e recepção das mensagens codificadas na faculdade mediunidade; que a intuição, a inspiração e os sonhos são técnicas simples e comuns a todos nós; e como pode ser feita a transformação dos códigos recebidos numa combinação de letras e números.

Como afirmei anteriormente, nenhuma das correntes garante e assegura a verdade, mas são pistas e postulados capazes de fornecer respostas lógicas, que nos afastam da ideia mística da numerologia.

Wladimyr especula sobre a origem dos espíritos baseando-se nas teorias do *Big Bang* (a grande explosão que deu origem ao Universo) e dos universos paralelos. Ele afirma que o espírito pode ter sido proveniente de outro universo, onde o espaço-tempo e a sequência temporal são diferentes do que estamos acostumados a observar e podem ter imigrado por um buraco negro – buraco de minhoca, buraco branco – para pontos distintos do nosso Universo. Há outras correntes de cientistas, não ligados à linha espiritualista, que afirmam que a vida (os organismos responsáveis pela geração da vida) na Terra teria migrado de outros planetas, entre eles Marte, e que teria chegado até aqui trazida por meteoritos.[15] Podemos supor por essas especulações, para desespero de alguns ufólogos, que nós sejamos os próprios extraterrestres que eles tanto procuram. Essa teoria, por mais desconexa que possa parecer, principalmente para aqueles que jamais ouviram falar na possibilidade de haver outros universos, dimensões, buracos negros, ainda não é o motivo principal do choque conceitual com a ciência. Pensar em um espírito e localizá-lo no tempo-espaço não seria de todo um absurdo. A divergência reside na criação de um corpo perispiritual que sobrevive à morte biótica. Ao considerarmos essa hipótese, estaríamos admitindo, de um lado, que o nosso corpo também tenha sido criado da mesma forma que o perispírito, pela ação do pensamento do espírito e, de outro, que esse espírito, ou seja, nós, tenha sido criado fora deste Universo. Sendo assim, a reencarnação não seria um grande problema, pois se é possível integrar uma estrutura biológica (encarnar), em tese nada impediria que o processo pudesse ser repetido (reencarnar).

A reencarnação (voltar à carne) é o processo pelo qual o espírito reassume a forma de um corpo humano que havia perdido por ocasião de sua morte biótica. Ou seja, existe um ser imaterial inteligente, individualizado, que se integra no corpo humano, dando-lhe vida biótica e que, por morte desse corpo, passa para um novo, geralmente bem diferente, após intervalo de tempo mais ou menos longo, conforme o caso.[16] Para entender melhor a função da reencarnação, imagine o planeta Terra como uma grande escola, cujas salas de aula seriam a família, as empresas, os amigos, etc. Essas configurações permitem o exercício das chamadas leis de causa e efeito (*Karman*), em que os envolvidos que cometeram faltas ou erros contra os outros

---
15. Davies, Paul, *O quinto milagre*, 2000, p. 332.
16. Sanchez, Wladimyr, *Desmistificando o dogma da reencarnação*, 2002.

têm a possibilidade de se redimir. A reencarnação também serve para que se dê continuidade a tudo aquilo que se deixou incompleto. Daí a necessidade de manter os laços de família ou o contato com as mesmas pessoas, por um longo tempo, para se apararem as arestas de relacionamentos mal conduzidos ou para completar determinado tipo de trabalho cuja materialização consuma um tempo maior do que o disponível em uma só vida. Segundo os postulados de Kardec, o objetivo da vinda dos espíritos à Terra seria o de evoluírem intelectual e moralmente para adquirir o direito de estagiarem em mundos ou planetas mais elevados até chegarem ao ponto máximo de evolução, uma espécie de nirvana dos budistas ou a suprema instrução para os pitagóricos.

Para os espíritas, a Terra é classificada como "planeta de expiação e provas". Em outras palavras, quem está aqui está sofrendo as consequências dos atos praticados, ou seja, cumprindo pena. Diante dessa perspectiva, não é de estranhar que se possam encontrar respostas para qualquer tipo de anomalia sofrida durante a vida terrena. Os vários processos reencarnatórios que se estabelecem na Terra se devem ao tipo de grau evolutivo e de afinidade de pensamentos que compõem a plêiade de espíritos que habitam a área de influência do planeta. Há sete categorias de espíritos interagindo entre si, a saber: impuros, levianos, pseudossábios, neutros, batedores, benevolentes e sábios, cada qual vibrando em uma determinada frequência de pensamento.

Seguindo o raciocínio, especula-se que para cada encarnado tenhamos aproximadamente dois desencarnados e meio. Num cálculo grosseiro, podemos supor que, se temos hoje pouco mais de 7 bilhões de pessoas vivendo no planeta, há mais de 17 bilhões de desencarnados na área de influência do planeta (erraticidade). Imaginando que a expectativa de vida, sem que as fatalidades sociais a que estamos sujeitos interfiram, seja de 70 anos e que todos tenham de reencarnar um dia, um espírito levaria cerca de 175 anos para voltar a reencarnar. Segundo Wladimyr, os espíritos "terráqueos" começaram a encarnar no *Homo erectus* há 2 milhões de anos. Levando-se em conta o tempo de 175 anos para o processo reencarnatório, ele supõe que esses primeiros espíritos somem por volta de 11.400 reencarnações. É importante ressaltar que esse cálculo pode ser maior, se levarmos em conta que a expectativa de vida sofre alterações ao longo da História.

Os laços familiares que se formam na Terra obedecem basicamente a dois tipos: os que são formados por laços espirituais e os que são formados por laços corporais ou consanguíneos. Nos laços espirituais, as relações são de profunda interação e vão se fortificando ao longo das sucessivas encarnações. Elas se baseiam numa boa sintonia vibratória e na afinidade de pensamentos. Nos laços consanguíneos as relações são eventuais, baseiam-se na afinidade de pensamento temporário e servem para ajustar variações em determinadas fases do processo reencarnatório. O problema é que essas relações são sujeitas a variantes de inversão: quem é pai em uma reencarnação pode assumir o papel de filho, de neto, de primo, de tio ou qualquer outro tipo de parentesco, criando, assim, mais duas subdivisões. A primeira daqueles que nutrem entre si simpatia e a segunda daqueles que são antipáticos e opositores. Dessa pluralidade é que decorrem as situações costumeiras que vemos na quase totalidade das famílias, num misto de afetos e desafetos, de amigos e inimigos. Por isso é comum encontrar pessoas nascidas de pais diferentes e que são muito mais amigas e companheiras do que com seus irmãos consanguíneos. Em muitos casos, além de se repelirem, tratam-se como inimigos.

A família e a missão que o espírito reencarnante deverá desenvolver são previamente escolhidas e levam em conta os fatores genéticos, de meio ambiente, afinidade de pensamentos e as faltas a serem reparadas. Essas condições, aliadas à memória que ficará disponível, ditarão as tendências de comportamento que ele terá durante sua nova vida terrena. Desse modelo seguem diversas variações, entre elas uma bem comum nos dias de hoje, que são os filhos adotivos ou de famílias que se unem em novo matrimônio. Geralmente são pessoas que já deveriam ter se encontrado e que, por um motivo ou outro, não conseguiram reencarnar na mesma família e com os pais antes programados.

Sabemos que para a geração de uma nova vida no processo chamado "natural" tem de haver a participação dos genes maternos e paternos, que juntos irão criar um novo indivíduo. O que se especula aqui é que nesse momento o espírito aja de maneira consciente junto com a mãe, utilizando as formas de comunicação descritas no diagrama de blocos. Se admitirmos a premissa de que os espíritos se comunicam pelo pensamento, por meio de ondas mento-eletromagnéticas, e processam essas ondas pela mediunidade, podemos afirmar que, do momento da fecundação ao nascimento, o feto (espírito reencarnante) está ligado pela onda-pensamento com a mente da futura mãe e que ambos transferem de um para o outro, com a mesma sintonia vibratória, informações e emoções. Essa transmissão é feita pelas modalidades da faculdade da mediunidade, que são a inspiração, a intuição e os sonhos, que são também as formas mais simples e comuns a todos os seres.

Segundo Wladimyr, o espírito reencarnante densifica seu corpo periespiritual normal em até 12 centímetros de comprimento por 8 de largura e se aloja na cavidade uterina. Essas dimensões do corpo periespiritual correspondem ao tamanho de um feto que atingiu 15 semanas de gestação. A partir desse momento o espírito reencarnante vai se ligar magneticamente a cada célula do novo corpo, ou seja, molécula a molécula. Para criar esse campo eletromagnético, ele se utiliza dos seus sete centros de força, que nada mais são do que vórtices de energia localizados no seu corpo periespiritual: o coronário, responsável pela sustentação do sistema nervoso do corpo humano, das suas subdivisões e também pela alimentação energética das moléculas e células; o cerebral, responsável pela visão, audição, tato, olfato, a rede da inteligência e, ainda, todo o sistema endócrino; o laríngeo, responsável pelos sistemas vocais, inclusive as atividades do timo, tireoide e paratireoides; o cardíaco, responsável pelos serviços de transporte de substâncias para abastecer as usinas produtoras de energia, localizadas no interior das células e delas retornando com os resíduos que não serão aproveitados; o esplênico, responsável pelas atividades pertinentes ao baço, regulando a distribuição e a circulação adequada dos circuitos vitais; o gástrico, responsável pela transformação dos alimentos em energia vital, para manter as células do corpo humano em boas condições de funcionamento; e por último o genésico, que é responsável pela aglutinação dos órgãos sexuais que constituem a ferramenta básica do processo reencarnatório. Simultaneamente, ele começa a irradiar seu pensamento para que junto da futura mãe possa atuar sobre as atividades automáticas que se referem ao controle e à manutenção das funções desenvolvidas por moléculas, células, tecidos, órgãos, aparelhos e sistemas, como descritos anteriormente, e sobre as não automáticas, que se referem aos pensamentos considerados não usuais ou não repetitivos, fechando o circuito de comunicação com a futura mãe que vai se desenvolvendo durante todo o período da gravidez, atuando assim ativamente na construção do seu novo corpo. (*Ver figura 4.*)

Há muitos questionamentos sobre o fato de que a reencarnação, a despeito de tudo o que foi falado, simplesmente possa estar no inconsciente coletivo, como aponta Jung, ou mesmo no simples fato de sermos produto de uma longa e lenta mutação genética, que faz com que tenhamos gravado em nosso DNA todo o histórico dos nossos ancestrais, e que certamente em algum momento da nossa existência damos luzes a experiências desses ancestrais que nada têm a ver com uma outra vida.

No entanto, o mais instigante dessa teoria reside em perceber que, se temos capacidade de nos comunicar com nossa futura mãe, não estamos apenas e tão somente ligados a ela física, química e psicologicamente como muitos cientistas e psicólogos constatam, mas estamos também trabalhando simultaneamente com ela, por intermédio do nosso pensamento, na construção do nosso corpo.

Podemos concluir que estar vivo, além de ser uma luta constante, é produto de escolha, força de vontade e, principalmente, livre-arbítrio. Não há o divino, mas, pura e simplesmente, a ação do espírito, como ser inteligente que é.

O Número

Depois de percorrermos em rápidas pinceladas a filosofia pitagórica, o espírito e a reencarnação, o número se apresenta como a última fronteira antes de adentrarmos o universo numerológico. Para que possamos entender melhor esse conceito sem a necessidade de muito aprofundamento, precisamos nos despojar da ideia de que o número seja somente um instrumento de cálculo, direção, identificação e ordem quantitativa. O número vai além disso. Ele é ritmo, tempo, simetria e essência. Essa distinção é importante para começarmos a pensar em termos numerológicos. Mudar a ótica de ver o número não é somente uma forma didática para aprendermos numerologia. Mudar essa ótica significa alterar também nosso conceito de mundo.

A palavra número vem de *numerus*, em latim, que por sua vez vem do termo grego *nomos* e significa "regra", "lei" e "ordem". Pitágoras usava a palavra *arithmós*, que vem do termo *rythomós*, que significa "fluir". *Arithmós* é qualidade, relação, função, tensão, lei, ordem, regra e harmonia. Dessa forma, tudo na natureza ou no cosmos, do mais simples ao mais complexo, tem seu *arithmós*. O filósofo Mario Ferreira explica que "[...] *arithmós* é algo das coisas móveis, das coisas que conhecem mutações de qualquer espécie. Há *arithmós* onde há geração e corrupção, onde há aumento e diminuição, onde há alteração, onde há movimento (transladação). Todas as coisas finitas, portanto, que constituem a série das coisas criadas são números, têm números...".[17] Vemos, portanto, que Pitágoras usava a palavra *arithmós* como número em sentido genérico e amplo.

Para Pitágoras, os números estão dispostos em duas tríades: a tríade inferior, em que estão as coisas sensíveis, as estruturas geométricas e os números matemáticos, e a tríade superior, em que estão as formas, as estruturas ontológicas e os números arquetípicos.

Segundo ele, tudo que existe sai de uma unidade orgânica suprema, que ele chama de Mônada Suprema, o Ser Supremo (Deus). Esta gera o Um (não numérico), que é o princípio vital, a substância universal que cria e atua em todas as coisas. Deste surge a Díada Segunda (numérico), em que estão as criaturas, ou seja, as coisas finitas e limitadas, como a matéria, o cosmos, a natureza e os entes. Os primeiros números não são criados; estão contidos no Ser Supremo e no Supremo Um, como formas eternas. Já os segundos números, aqueles que surgem da Díada, são criados e podem sofrer adição, porque são o número nas coisas e, portanto, finitos.

Não devemos confundir o número (forma) com o número (símbolo). O número não é um conjunto unificado, mas uma unidade simples, portanto o dois é ontologicamente posterior ao um e não cronologicamente. Eles pertencem à eternidade, pois fluem da Mônada Suprema.

Outra questão fundamental para o entendimento do número são a paridade e a imparidade, ou seja, o par e o ímpar, processos que só acontecem no âmbito do universo humano. Eles orientam a tradução dos estímulos recebidos do mundo exterior ao identificar a semelhança, os iguais (paridade) e o

---

17. Santos, Mario Ferreira dos, *Pitágoras e o tema dos números*, 2000, p. 110-111.

que não tem comparação imediata, os desiguais (imparidade). Para Pitágoras, o par é o limitado, porque entre suas duas partes resta o nada (::), e o ímpar é o ilimitado, porque ao dividi-lo em partes iguais, sempre entre elas resta uma unidade indivisível (::.).[18]

Essa não é uma visão maniqueísta de mundo, ou seja, entre bem e mal, claro e escuro. Para os pitagóricos, e principalmente para Pitágoras, o número contém ambos os lados, convivendo em harmonia. Portanto, um número é a conformidade entre o negativo/positivo, par/ímpar, limitado/ilimitado e infinito/finito.

Os dez primeiros números (década) são o fundamento para o conhecimento das coisas, permitem-nos explicar desde um simples objeto até as constelações e a imensidão do cosmos. Todos os outros números fora da década são apenas repetições destes. A tétrada (*tetractys*), formada pelo um, o dois, o três e o quatro, é chamada pelos pitagóricos a "mãe de todas as coisas" (a década sagrada) porque contém um número igual de pares e ímpares e porque a soma dos números 1, 2, 3 e 4 é igual a dez (1 + 2 + 3 + 4 = 10). De posse desses números, o homem penetra nas leis que regem e criam tudo o que há no Universo. Essas leis são:

1 – Lei da Unidade;
2 – Lei da Oposição;
3 – Lei da Relação;
4 – Lei da Reciprocidade;
5 – Lei da Forma;
6 – Lei da Harmonia;
7 – Lei da Evolução Cósmica;
8 – Lei da Evolução Superior;
9 – Lei da Integração Universal.

---

18. *Idem, ibidem.*

A Lei da Unidade – Simbolizada pelo número aritmético 1, é a lei que rege todas as coisas. Tudo que há, seja de que maneira for, sempre constitui uma unidade. Ser é, de qualquer modo, ser um. O 1 é a primeira manifestação e a substância primeira de todas as coisas.

A Lei da Oposição – Simbolizada pelo número aritmético 2, simboliza tudo que é finito, pois todas as coisas finitas são compostas por, no mínimo, duas ordens de ser, matéria (ato formativo, substância primeira) e forma (potência material, segunda substância). O 2 é a força criadora e o poder da multiplicação.

A Lei da Relação – Simbolizada pelo número aritmético 3, é a interação principal entre os opostos, entre matéria e forma. Dessa relação entre as oposições é que o ser participa do mundo finito. Essa relação não é como a do ente com os outros seres, é a principal e a primordial; sem ela nada pode ser o que é.

A Lei da Reciprocidade – Simbolizada pelo número aritmético 4, é o resultado da relação entre os opostos, o resultado de tudo que há no cosmos e, a partir desse ato, gera toda a heterogeneidade das coisas finitas.

A Lei da Forma – Simbolizada pelo número aritmético 5, é a forma concreta das coisas (sua totalidade), ou seja, o limite da reciprocidade que se dá entre os opostos. Todas as coisas são conhecidas como tal pela forma que têm, e agem no mundo de acordo com essa forma.

A Lei da Harmonia – Simbolizada pelo número aritmético 6, é a conformidade entre as partes, os subseres que compõem a totalidade (forma), e é também a conformidade dessa totalidade com os outros entes. A lei da harmonia é a relação no termo amplo e genérico.

A Lei da Evolução Cósmica – Simbolizada pelo número aritmético 7, é a mutação que todas as coisas sofrem ao se harmonizarem, ou seja, após esgotarem todas as possibilidades de serem si mesmas com a assimilação do outro. Nesse momento há uma evolução, um salto qualitativo em relação à forma anterior.

A Lei da Evolução Superior – Simbolizada pelo número aritmético 8, é o novo equilíbrio alcançado após o estágio cósmico. Simboliza a superação e o domínio sobre todas as leis anteriores e vai levar ao conhecimento maior e ao entendimento do Ser Supremo.

A Lei da Integração Universal – Simbolizada pelo número aritmético 9, tudo que há o é porque em si participa em grau menor do todo. A lei da integração universal é chamada a lei das leis; a lei que une todos os seres cósmicos e ultrapassa os limites do finito e do infinito para ir ao encontro do todo (o Ser Supremo).[19]

---

19. *Idem, ibidem*, p. 191.

5

A Numerologia

Como eu disse no início, a numerologia nada mais é do que um código de acesso ao entendimento do espírito e a demonstração matemática de sua existência, ou seja, da forma de atuação desse ser nos dois planos (material e espiritual). Nela estão contidas as formas do pensamento de Pitágoras, os elementos quantitativos e os ontológicos do número. Podemos até considerá-la exercício da sua metamatemática, mas ela não traduz seu pensamento filosófico como um todo. Ela era utilizada apenas como forma de introdução aos ensinamentos mais profundos da sua escola, mas foi usada pelos pitagóricos de menor expressão e místicos, durante os últimos séculos, como arte divinatória, pois contém instrumentos de conhecimento do ser, tornando-se assim uma matéria independente que vem sofrendo até hoje incursões de várias linhas esotéricas.

Essas práticas místicas, aliadas às interpretações superficiais de Aristóteles sobre o número, fazem com que não só o pitagorismo e Pitágoras sejam vistos como meros reformadores do orfismo e, portanto, com pouca ou quase nenhuma influência na história do conhecimento ocidental, como também o estudo da numerologia seja encarado como ocultismo. As próprias expressões "numerologia" e "numerólogo" provavelmente devem ter surgido muitos séculos após a morte de Pitágoras. Outro fato relevante que indica que a numerologia era uma matéria introdutória aos estudos mais avançados é o fato de até hoje serem usados cálculos básicos de aritmética para chegar a uma boa interpretação, e não os da geometria e outras funções típicas daquela época. Não podemos esquecer que o próprio teorema de Pitágoras ainda é aprendido e dado como válido até para operações complexas na própria física.

Os quatro elementos vistos até agora, a filosofia, o espírito, a reencarnação e o número, nos dão a dimensão e a profundidade dos ensinamentos a que a numerologia nos leva. Seria importante frisar que todos esses elementos estão presentes no saber culto de Pitágoras. Sua filosofia é também um compêndio do orfismo e dos conhecimentos adquiridos em suas viagens ao Oriente, principalmente ao Egito e à Babilônia, onde foi discípulo de vários mestres e sacerdotes.

Ao evocar os postulados de Kardec e os estudos dos físicos contemporâneos, pudemos atualizar o pensamento de Pitágoras e interpretar de maneira mais profunda o chamado mundo espiritual por ele preconizado, até porque tanto a ciência como o espiritismo saem da raiz da filosofia pitagórica.

Assim como Sócrates em sua maiêutica tenta fazer com que as pessoas se lembrem do passado (encarnações), de sua passagem pelo mundo das ideias, para que estabeleçam os verdadeiros conceitos das coisas no mundo dos fenômenos, que são simplesmente cópia do mundo perfeito e imutável de onde somos oriundos, a numerologia cumpre seu papel de lembrar os espíritos de sua identidade e sua missão por meio da matemática.

A pergunta que sempre se faz, quando se tem contato não só com a numerologia, mas também com a astrologia, a quiromancia, o tarô, as runas e outras práticas, é como elas podem trazer conhecimentos sobre qualquer pessoa sem necessidade nenhuma de pesquisa prévia. De algumas delas podemos concluir que esse conhecimento pode ser apreendido por meio de uma onda-pensamento do consulente com o consultor, que na maioria das vezes tem mediunidade bem avançada e consegue fechar um circuito de comunicação que permite captar e decodificar essa mensagem. De outras, as informações podem ser obtidas pela data de nascimento e do nome completo e, no caso da astrologia, com a hora e o local de nascimento. Apesar de ser importante e fundamental para algumas, é certo que todas as formas de arte divinatória utilizam inicialmente a informação do nome do consulente e da data de nascimento, ou seja, da letra e do número. No caso específico da numerologia, o nome é a fonte principal para o estudo, e isso só é possível porque o nome contém informações implícitas na sua composição, que nada mais são que códigos que registram o tipo de espírito, suas virtudes, falhas e o tipo de trabalho que será executado nesta vida. Essas informações são passadas pelo espírito reencarnante para sua mãe, que traduz esses códigos em um nome, e o faz por intermédio dos processos expostos nos capítulos 3 e 4. Esse processo tem inúmeras variações, desde os locais de encarnação (família, país, etc.) até a sugestão do nome.

Para melhor compreensão do processo, imagine cada letra que compõe o seu nome como uma onda/letra/número e, ao fazer a composição do nome, o que verdadeiramente está se fazendo é disponibilizar um quadro de memórias que serão utilizadas na presente encarnação. Cada onda/letra/número simboliza uma qualidade que estará disponível e obedece, de um lado, a fatores importantes no processo reencarnatório, como os genéticos, os de meio ambiente e as faltas a serem reparadas, que em sua maioria já estão compostas no próprio sobrenome, ou seja, na herança familiar, e, de outro, à afinidade de pensamento que terá com seus pais e em especial com a sua mãe. Dessa interação sairão as ondas/letras/números que completarão o nome.

Quando a comunicação entre o espírito reencarnante e a mãe é truncada por um motivo ou por outro, geralmente falta de sintonia ou diferença na faixa de frequência em que cada um deles opera, o que em alguns casos pode até provocar o aborto, pode-se utilizar o membro mais próximo da família, com mediunidade suficiente, que esteja na mesma faixa vibratória que o espírito reencarnante. É muito comum ouvir relatos de pessoas que escolhem o nome de seus filhos após sugestão de amigos, parentes próximos e até de filhos mais velhos do casal.

Na numerologia, o código que marca o comportamento, ou seja, a maneira de agir no mundo com as pessoas e as lições a serem aprendidas nesta encarnação, pode ser obtido pelo nome; a missão e o objetivo da vinda à Terra e os acontecimentos futuros estão descritos na data de nascimento.

A soma das vogais do nome nos dá o que chamamos de idealidade, que representa a memória do espírito reencarnante, tudo aquilo que se traz ao chegar à Terra, e identifica a falange espiritual à qual se pertence, ou seja, a família espiritual do pai ou da mãe. No comportamento, simboliza o eu mais profundo, os desejos mais íntimos. Mas como boa parte do que se deseja e se é vem do acúmulo das lições aprendidas ao longo das encarnações passadas, esse número, embora sempre presente, poderá passar despercebido durante toda a vida terrena. No entanto, seu despertar pode acontecer na adolescência, quando confrontado com os estímulos intensos e pela rebeldia característica desse período.

A soma das consoantes do nome nos dá o que chamamos de impressão, que representa o resultado da simbiose entre os genes doados pela mãe e pelo pai, nossa ancestralidade física, nossa aparência e os traços de personalidade herdados. No comportamento, simboliza a forma exterior, nossa defesa contra o mundo externo e o que as pessoas absorvem no primeiro contato ou nos contatos superficiais.

A soma das consoantes com as vogais do nome é chamada de expressão e representa a nova forma, o resultado da memória trazida de outras encarnações, que é aquilo que temos no interior com a simbiose feita com os genes paternos, que representa o que temos no exterior ou na constituição dos órgãos do novo corpo. Esse número representa de forma análoga dizer que seu signo solar é Capricórnio ou outro qualquer. É considerado seu número pessoal. Aquele que representa seu movimento e vai conduzir sua maneira de agir e reagir aos estímulos recebidos durante sua vida terrena.

Idealidade, impressão e expressão são considerados números fixos, mas podem agir tanto de maneira isolada como simultânea. Esses números só são alterados na mudança espontânea de nome, que pode ocorrer para a mulher que, ao casar, absorve o nome ancestral do marido, para as pessoas que ingressam no mundo artístico ou que trocam de nome por mudança de sexo. Os pseudônimos como Zezinho, Martinha, Juca e outros também são considerados nomes artísticos na numerologia.

A soma da data de nascimento, dia, mês e ano completo, é chamada de destino e representa a missão que se deve cumprir nessa nova passagem pela Terra. O destino não é um ato determinista, mas um ato de livre-arbítrio, de escolha do espírito reencarnante. Está baseado no histórico e no estágio de evolução de cada um e seu objetivo é traçar um plano passível de ser executado que levará o espírito a evoluir. O objetivo da vinda à Terra é o aprendizado e a evolução. Como ele se baseia no livre-arbítrio, completar ou não a missão fica a cargo de cada "freguês". A chamada punição pelo não cumprimento não é divina, mas da própria consciência. Não cumprir a missão simboliza permanecer em estagnação e não poder estagiar em mundos mais avançados que o planeta Terra.

O destino também é um número fixo, que igualmente só poderá ser alterado no caso da mulher que absorver o nome ancestral do marido e das pessoas que por um motivo ou outro trocarem de nome. A partir desse momento será usada a data (dia, mês e ano completo) em que foi feita a troca.

Assim que o espírito chega à vida terrena seu relógio biológico inicia uma contagem que vai se encerrar no dia da morte. Nesse período, o espírito estará sob a influência vibratória dos números do ano pessoal, do mês pessoal, do dia pessoal e dos momentos decisivos diários, que são números variáveis e usados pelos numerólogos para as previsões. Eles indicam de que forma o espírito está conduzindo sua missão, se houve evolução ou estagnação, orientam a tomada de decisões diárias e antecipam as prováveis ocorrências futuras.

O ano pessoal simboliza o número que vai reger o ano. Inicia em 1º de janeiro e termina em 31 de dezembro, mas há numerólogos que iniciam a contagem do ano pessoal a partir da data de aniversário. Pela imprecisão do calendário gregoriano, porém, o melhor é usar a primeira opção. O mês pessoal simboliza o número que rege o mês, que vai variar de acordo com o ano regente; o dia pessoal simboliza o número que vai reger o dia, que varia de acordo com o ano e o mês regentes; e, finalmente, os momentos decisivos diários, que simbolizam os quatro momentos decisivos do dia – o primeiro, de 0h01 até 6h00; o segundo, das 6h01 até 12h00; o terceiro, das 12h01 até 18h00; e o quarto, das 18h01 até 0h00. Eles indicam as microdecisões e as ocorrências durante o dia. Quando dizemos o número que vai reger, estamos na verdade dizendo que a onda vibratória daquele ano, mês, dia, etc. vai exercer uma influência no indivíduo.

No início, esses números ajudavam as pessoas a se sintonizar com suas energias, para que pudessem vibrar de forma equilibrada e cumprir sua missão, dispensando assim a necessidade de consulta aos oráculos e videntes da época. Com o passar do tempo eles serviram como forma de poder dos "numerólogos" sobre os leigos, já que o acesso às sociedades era cada vez mais dificultado e secreto; fazendo com que as pessoas que detinham esses conhecimentos fossem idolatradas, restituíram o poder dos oráculos e dos videntes.

Ainda hoje é assim. Além do desinteresse das pessoas pelo autoconhecimento, movido pelos motivos discutidos no capítulo 1, há o preconceito em relação aos conhecimentos trazidos pela numerologia e pela dificuldade de obter informações de qualidade e mais precisas.

Outro fator, muito pouco discutido e que depõe tanto contra a numerologia como contra as outras ciências que se baseiam no calendário, é a imprecisão do nosso calendário de 12 meses, conhecido como calendário gregoriano. Instituído pelo papa Gregório 13 em 1582, entre outras alterações suprimiu uma lua, o que faz com que tenhamos meses irregulares que variam entre 30, 31 e 28 dias em vez de termos 13 meses regulares de 28 dias cada um. É curioso notar também – embora essa divergência seja proveniente do erro do calendário juliano, que continuou no gregoriano – que meses como setembro, que se refere ao sétimo; outubro, ao oitavo; novembro, ao nono; e dezembro, ao décimo, são na verdade, na nossa contagem do ano, respectivamente, o nono, o décimo, o décimo primeiro e o décimo segundo.

O calendário que mais se aproxima da precisão é o calendário maia das 13 luas de 28 dias,[20] que além da contagem regular dos meses, baseia-se no nosso ciclo natural, deixando nosso relógio biológico sintonizado com o movimento cósmico. Mas este assunto é tratado com profundidade em um segundo livro, que discute somente a utilidade prática da numerologia.[21] Por ora nos basearemos no calendário gregoriano.

---
20. Arguelles, José, *O fator maia*, 1999.
21. *Numerologia do tempo*, publicado pela Editora Talento em 2007.

Essa imprecisão do calendário, guardadas as devidas proporções, reforça a tese da mecânica quântica que afirma a impossibilidade de precisar ao mesmo tempo a velocidade e a posição de qualquer objeto (partícula) no tempo-espaço. O que podemos fazer é contar com a probabilidade.

No campo espiritual essa probabilidade, chamada livre--arbítrio, vai fazer com que esse espírito possa alterar a cada segundo a sua trajetória e influenciar o resultado final da sua missão, seja ela diária, mensal, anual ou da vida inteira. Portanto, os números identificados no ano pessoal, mês pessoal, dia pessoal e momentos decisivos diários podem ser alterados de acordo com o livre-arbítrio e a força de vontade de cada espírito. Assim, qualquer previsão feita pela própria pessoa ou por qualquer numerólogo deve levar em conta essas variáveis, com o peso de se tornarem inválidas, imprecisas e até absurdas caso sejam desconsideradas.

De posse dessas informações, qualquer pessoa estará apta a desenvolver e a se aprofundar nos conhecimentos filosóficos contidos na numerologia e seguir adiante em busca das respostas cruciais da vida, sempre partindo da premissa de que somos um espírito, não um ponto imaginário, que estamos na Terra para o aprendizado e a evolução por meio de reencarnações sucessivas, que dispomos de uma mente com inúmeras faculdades e que o número é a ferramenta que possibilitará o acesso ao conhecimento de nós mesmos e do Universo.

Considero que a numerologia, além da função filosófica, tenha mais duas funções básicas e importantes. A primeira é a educacional e dirigida especialmente aos pais, que de certa forma têm a guarda temporária do espírito reencarnante e que, de posse dessas informações, poderão conscientemente ajudá-lo em sua nova função na Terra, educando, antecipando as dificuldades futuras, escolhendo junto com ele um nome que o favoreça e conduzindo-o numa trajetória mais eficiente no cumprimento da sua missão. A segunda é também educacional, mas dirigida ao próprio espírito reencarnante, ajudando-o a sintonizar-se na própria vibração, mantendo-o firme em seu propósito, conscientizando-o do seu papel no enredo terreno e, ainda, fornecendo-lhe um oráculo pessoal que vai ajudá-lo nas escolhas do dia a dia sem a necessidade da interferência divina ou providencial de qualquer vidente, resgatando o próprio poder e a responsabilidade sobre seus atos.

Cálculos

Assim como no calendário, há também muita controvérsia na utilização do alfabeto. O que sabemos é que, assim como os números, as letras são convenções que guardam em si elementos metafísicos em seus significados. A cada época e para cada contexto eles serão modificados. No entanto, os gregos representavam números por letras e para alguns historiadores isso explicaria a concepção mística que eles faziam do número. Os algarismos como nós conhecemos hoje foram criados pelos árabes.

Para as nossas análises numerológicas, usamos como base o alfabeto hebraico com pequenas variações, principalmente na utilização do Y e do W, que poderão atuar ora como consoantes, ora como vogais, principalmente em nomes estrangeiros. Cada letra tem seu correspondente numérico e vice-versa. A única regra que deve ser mantida em qualquer alfabeto é a contagem de 1 a 9, repetida até o fim da contagem das letras que compõem o alfabeto, conforme a tabela a seguir:

1	2	3	4	5	6	7	8	9
A	B	C	D	E	F	G	H	I
J	K	L	M	N	O	P	Q	R
S	T	U	V	W	X	Y	Z	

Para obter os números que compõem cada nome, basta somá-los e reduzi-los até que se chegue a um algarismo simples de 1 a 9.

Exemplo:

W	A	N	D	A		L	E	N	Z	I		A	C	H	A	R
5	1	5	4	1		3	5	5	8	9		1	3	8	1	9

$$68 = 6 + 8 = 14 = 1 + 4 = 5$$

Para obter os números da idealidade, da impressão e da expressão, basta separar as vogais das consoantes, desta forma:

W	A	N	D	A	L	E	N	Z	I	A	C	H	A	R
5		5	4		3		5	8			3	8		9

Idealidade: $1 + 1 + 5 + 9 + 1 + 1 = 18 = 1 + 8 = 9$
Impressão: $5 + 5 + 4 + 3 + 5 + 8 + 3 + 8 + 9 = 50 = 5 + 0 = 5$
Expressão: $9 + 5 = 14 = 1 + 4 = 5$

Para obter o número do destino, basta somar o dia, o mês e o ano completo do nascimento, usando as tabelas do calendário:

Janeiro	1
Fevereiro	2
Março	3
Abril	4
Maio	5
Junho	6
Julho	7
Agosto	8
Setembro	9
Outubro	1
Novembro	2
Dezembro	3

No caso do nosso exemplo, a data de nascimento é 19 de março de 1922.

Dia do nascimento: $19 = 1 + 9 = 1$
Mês de nascimento: 3
Ano do nascimento: $1922 = 1 + 9 + 2 + 2 = 14 = 1 + 4 = 5$
Destino: $1 + 3 + 5 = 9$

Para obter o número do ano pessoal, basta somar o dia de nascimento, o mês do nascimento e o ano em questão. Se quisermos saber o ano pessoal dela em 2002, por exemplo:

Dia do nascimento: $19 = 1 + 9 = 1$
Mês do nascimento: $03 = 0 + 3 = 3$
Ano em questão: $2002 = 2 + 0 + 0 + 2 = 4$

Ano pessoal: $1 + 3 + 4 = 8$

Para obter o mês pessoal, basta somar seu ano pessoal com o mês em questão. Se quisermos saber o mês pessoal dela em outubro de 2002, por exemplo:

Ano pessoal: 8
Mês em questão: $10 = 1 + 0 = 1$
Mês pessoal: $8 + 1 = 9$

Para obter o dia pessoal, basta somar seu mês pessoal com o dia em questão. Se quisermos saber o seu dia pessoal em 22 de outubro de 2002, por exemplo:

Mês pessoal: 9
Dia em questão: $22 = 2 + 2 = 4$
Dia pessoal: $9 + 4 = 13 = 1 + 3 = 4$

Para obter os momentos decisivos diários, basta somar o dia em questão com o mês pessoal e dividi-lo em 4 períodos. Se quisermos saber os seus momentos decisivos diários em 22 de outubro de 2002, por exemplo:

Dia em questão (A): 22 = 2 + 2 = 4
Mês pessoal (B): 9
Dia pessoal (C): 4

1º Momento: A + B = 4 + 9 = 4 atuando de 0h01 às 6h00

2º Momento: B + C = 9 + 4 = 13 = 4 atuando de 6h01 às 12h00

3º Momento: 1º + 2º = 4 + 4 = 8 atuando de 12h01 às 18h00

4º Momento: A + C = 4 + 4 = 8
atuando de 18h01 às 0h00

A Interpretação dos Números

No capítulo anterior vimos que o nome nada mais é do que um elenco de códigos que guardam registros referentes aos tipos de memória que estarão disponíveis nesta encarnação. Que ele é passado pelo espírito reencarnante por meio das ondas-pensamento para as mentes dos futuros pais, principalmente da mãe, e para aqueles que estiverem na mesma faixa vibratória que ele. Além disso, o nome identifica quem foi e como será a nova passagem do espírito reencarnante na Terra.

A partir de agora você vai aprender a interpretar parte da gama de informações trazidas pelo nome, sua simbologia numerológica, como cada número age e interfere no comportamento humano e nas relações sociais e, creio eu, fazer com que você pense duas vezes antes de nomear o seu próximo filho, escolher seu parceiro amoroso, seu sócio e até o nome da sua empresa ou projeto.

NÚMERO 1
Representação Gráfica: •
Conceito Filosófico: A unidade
Carga: Negativa
Ente: Masculino
Letras: A, J e S

Saúde = Rege a cabeça e todas as doenças relacionadas a ela.

Numerologia = Simboliza a força criadora masculina (o falo), o poder em todos os níveis, o princípio vital, o Sol, o instinto mais primitivo, o primeiro ato, a conquista.

Ente Humano = Sua presença simboliza individualidade, independência, atividade constante, liderança, força de vontade, coragem, astúcia, inovação, ânsia pela novidade. Sua ausência simboliza intolerância, desprezo, medo do novo, preguiça, arrogância, falta de iniciativa, teimosia, pânico, medo da solidão. Seu excesso simboliza autoritarismo, luta constante, autodidatismo, obsessão, radicalismo, tendência literária.

Comportamento = Na *idealidade*, sua originalidade, desejo de ser único, ter o controle de seus atos e conquistar novos territórios vão fazê-lo correr muitos riscos e mudar sua vida radicalmente, de uma hora para outra. Sua origem espiritual vem da falange paterna. Seu nascimento simboliza um novo período para a família, pois vem de uma situação nova e desencadeia um processo de reformulação familiar. Seu interior é firme e resolvido e só tolerará a liderança de quem seja mais inteligente, poderoso e que tenha bons argumentos. Como seu movimento é solitário, se seus outros números não forem de tendência mais apaziguadora, poderá ser difícil a convivência com as pessoas, por achar que só ela se basta.

Na *impressão* tem boa postura, não se deixa abalar facilmente, seus passos são firmes e sempre está à frente das coisas. Seu movimento é masculino e mesmo num ente mulher será fácil identificar esta faceta. Gosta da disputa e vai até as últimas consequências quando acha que tem direitos ou méritos. Pode parecer agressivo, mas usa isso como forma de defesa. É prático e objetivo, pode dar a impressão de irresponsável ou acima da lei e da ordem, tudo porque não gosta de ser cópia e quer ser sempre o primeiro ou o diferente.

Na *expressão* é um líder nato e inovador. Seu movimento é único e poderá sempre estar presente em movimentos de vanguarda. Independentemente do nível intelectual e acadêmico, sua liderança estará presente na família, na rua, no trabalho, em qualquer lugar onde esteja. Gosta de tomar decisões. Sua energia e movimento são difíceis de ser acompanhados. Costuma ter senso de justiça e lealdade, tem em si o senso do bom militar, mas desejará sempre estar sozinho e ter a liberdade de escolha. Quando comandado, exigirá esse direito e, quando comandante, dificultará a insubordinação e a livre escolha.

Destino = Veio para abrir caminhos novos, quebrar paradigmas; seu movimento será o de um desbravador. Terá dificuldade para aceitar dogmas e doutrinas estabelecidos, será sempre um questionador e combatente da tirania. Por outro lado terá dificuldade de concluir aquilo que começou; vai sempre precisar de pessoas que saibam executar suas ideias, senão terá uma vida estéril. Muitos tentarão conformar o seu espírito e, por vezes, ficará convencido disso, podendo se apoiar em relacionamentos e entidades já constituídas, mas que tendem a durar muito pouco, porque ele sempre tentará mudar as coisas a sua volta. A solidão será uma marca. Tenderá a se relacionar com pessoas que também possam ser livres, independentes e que não sejam convencionais. O destino 1 pede comando, controle da vida e independência. Quando se sentir deprimido ou insatisfeito com a vida, será porque, entre outras coisas, comando, controle da vida e independência estão ausentes. As mudanças radicais e o recomeçar serão constantes. Estará sempre ressurgindo das cinzas, uma tendência marcante da sua vida. Gosta da liberdade de expressão; poderá ser um revolucionário no que escolher, já que gosta de tudo que é novo e provocador. Mesmo assim, adora e respeita aqueles que foram revolucionários em suas épocas e irá reverenciá-los e copiá-los no decorrer da vida. Embora tenha estilo militar e autoritário, não é afeito ao respeito à hierarquia e, sempre que pode, contesta e vive constantemente provocando.

No lado profissional chegará a exercer cargos de chefia. Nasceu para liderar e gosta sempre de estar um passo à frente de todos. Até os mais lentos e influenciados pelo lado negativo do número conseguirão altos postos dentro da hierarquia possível. Mesmo assim, sua satisfação e sucesso dependerão de negócios próprios e, de preferência, sem sócios. Sua tendência para a ousadia e o novo faz dele um grande empreendedor, sempre atento às coisas que acontecem a sua volta.

Ano Pessoal = O ano marca o início de um ciclo que durará 9 anos. Se conseguir resolver bem as lições pedidas no ano anterior, que foi o 9, terá um ano positivo e conseguirá desenvolver projetos importantes. É o momento de mudança, de iniciar coisas novas e virar o jogo da vida. Muitas coisas que até então eram imprescindíveis passarão a ter muito pouco peso ou importância. É hora de reavaliar tudo e dar um novo direcionamento. Se tiver medo de mudar, pelo menos mude a forma de encarar o antigo. Tudo que se inicia num ano 1 tende a ser duradouro: amor, novo projeto e até amigos. Mesmo na dificuldade, será importante manter as principais características positivas do número 1. Da mesma forma que todas as possibilidades poderão se abrir, o receio e o medo podem levar para o lado mais destrutivo do número, o que poderá durar o ano inteiro. O ano 1 só será aproveitável em sua plenitude se as tarefas do ano 9 forem cumpridas. Não se deve iniciar este ano com laços que liguem ao passado, principalmente coisas que não dão mais prazer e que há muito vêm se arrastando. O ano 1 é o divisor de águas para todos os entes; sempre que ele aparecer será uma grande oportunidade de acertar o relógio numerológico e, a partir dele, acompanhar de maneira harmônica a vibração que cada número pede. Esta possibilidade aproximará os entes dos seus destinos e fará com que vivam esta nova passagem terrena de maneira mais útil, ajudando sua evolução e a dos seus semelhantes.

Mês Pessoal = O mês 1 marca também o início de uma nova fase. Sua intensidade será medida pelo ano regente em questão. Em cada um deles o 1 vai se comportar de maneira diferente. Sua intensidade será menor quando regida pelos números 4, 7 e 9, nula nos anos 2 e 6 e maior nos 3, 5, 8 e 1. O mês será de mudança de rumo e provocará a necessidade de se colocar diante das coisas. Todo recuo simbolizará muito mais que perda de terreno. Devem ser usadas as características mais marcantes do número, como comando, criatividade e força de vontade. O momento marca um egocentrismo circunstancial e necessário. Sem o desejo de priorizar a si mesmo, as coisas serão difíceis e inoperantes. Será sempre um bom momento para iniciativas, como mudar de emprego, ou simplesmente buscar seus ideais.

Dia Pessoal = O dia é de movimento, pede comando e controle das ações. É um dia que traz coisas novas e diferentes. Deve-se estar preparado para impor suas ideias e manter o foco de seus projetos; o dia 1 não tolera recuos e omissões. Para torná-lo positivo, deve-se ir até as pessoas e ao encontro das coisas. Se sua ação depender de outras pessoas, deve se certificar de que as coisas estejam sendo feitas conforme o planejado. Não confie em ninguém, tampouco peça conselhos. Confie apenas na sua capacidade e na sua razão.

NÚMERO 2
Representação Gráfica: • •
Conceito Filosófico: A oposição
Carga: Positiva – Par
Ente: Feminino
Letras: B, K e T

Saúde = Rege os fluidos do corpo, e suas doenças estão relacionadas com o sistema circulatório, problemas cardíacos e retenção de líquidos.

Numerologia = Simboliza o amor materno, a dualidade, a união entre os opostos, a associação, o feminino, a cooperação, os dois mundos (o sensível e o espiritual), a passionalidade.

Ente Humano = Sua presença simboliza o desejo de fazer parte do conjunto, diplomacia, servir ao próximo, sensibilidade, romantismo, minúcias, cordialidade, paixão. Sua ausência simboliza insegurança, dependência excessiva, timidez, falta de vontade própria, egoísmo, medo de amar, parcialidade, conformismo, precipitação. Seu excesso simboliza hipersensibilidade, anulação, paranoia, bucolismo, doçura, doação.

Comportamento = O 2 tem uma característica peculiar. Muitos numerólogos utilizam o número 11, que é considerado por eles um número-mestre. Como o 2 rege a dualidade ou os dois mundos, a pessoa que nasce sob a vibração desse número será sempre alguém em constante contradição entre claro e escuro, feminino e masculino, mundo sensível e espiritual, etc. Essa divisão pode causar sérios danos psíquicos se não houver equilíbrio. Ela poderá transitar entre a loucura, as influências espirituais e mágicas até a negligência pela pessoa humana, o egocentrismo, a falta de iniciativa, a depressão e as tendências andróginas. Será uma pessoa de personalidade dupla, alternando a presença de um dos lados, dependendo das circunstâncias e pressões exercidas sobre ela. Essas condições servem para todas as possibilidades em que os números 11 ou 2 aparecerem para a análise.

Na *idealidade*, há devoção e capacidade de amar incondicionalmente. Seu nascimento marca um momento de amor e cumplicidade. Sua família espiritual vem da falange materna. Traz paz, mas pode ser uma criança dependente. Devem ser dadas a ela as ferramentas necessárias para que, no futuro, não seja excessivamente dependente das pessoas. Sua lealdade e o desejo de paz podem levá-la à subserviência e a ser facilmente explorada. Não deseja glória nem autopromoção; satisfaz-se com pequenos gestos de carinho e sempre retribui aquilo que fazem a ela. Tem a capacidade de acumular conhecimentos e considera importante dividi-los. Tem medo de terminar na solidão e poderá ser prisioneiro desse temor, tornando-se paranoico.

Na *impressão*, há movimentos singelos e lentos. Sua aparência é calma e tranquila. Veste-se harmoniosamente e adora o conforto. Faz de tudo para agradar, podendo se tornar uma pessoa parcial e tendenciosa em razão do vínculo de lealdade que cria com as pessoas. Muito carinhosa e romântica, vai abrir mão dos seus desejos para satisfazer seu parceiro. Gosta de trabalhar em grupo; não é criativa, mas sabe executar muito bem as tarefas que são designadas a ela. Passa confiança quando amada e pode superar limites quando lhe é passada segurança. Costuma ser uma boa ouvinte e pode até sofrer junto com o outro.

Na *expressão*, esse indivíduo diplomático e pacificador de ambientes se destaca pela cooperação e por seu senso de responsabilidade com o grupo. Não é um líder, mas sabe como poucos administrar problemas, sempre buscando o entendimento e a conciliação entre as partes. Exigente, sua cobrança é feita sobre a lei do "toma lá dá cá". Sempre que fizer algo, vai cobrar a reciprocidade. É detalhista e tem a paciência de rever cada passo ou se lembrar de fatos, detalhes e falas antigas. É carinhoso e atencioso. Quando exagera, acaba interferindo na vida das pessoas e diminuindo seu juízo, podendo pender para o lado errado. Sua capacidade de trabalhar em equipe o torna um bom sócio.

Destino = Veio para semear a paz, ser uma espécie de mãe do mundo. Sua missão é dar às pessoas estéreis, que têm o 1, a capacidade de multiplicar-se e materializar suas ideias. Intuitivo, prestativo e de ideais elevados, vai além dos limites quando vê discórdia, intolerância e miséria humana. Busca o engajamento e o trabalho voluntário. Mesmo que não tenha filhos, vai tratar muitos como tal. Sua capacidade de se doar será reconhecida e premiada. Como não é um líder, se sentirá atraído por pessoas que tenham capacidade de comando, autoridade e poder. Deve tomar cuidado, pois, se estiver envolvido emocionalmente, poderá encobrir e ajudar pessoas sem escrúpulos. Vai desenvolver durante a vida terrena gosto pelo ritmo (dança, música, etc.) e, se não tiver apoio, abafará suas potencialidades e as deixará adormecidas até que se sinta amado e seguro novamente. Apesar de gostar de conforto, será atraído por gestos singelos e as coisas simples da vida. Seu destino é se juntar a alguém. Sem o compromisso do casamento, será uma pessoa amarga e rancorosa. Mesmo participando de trabalhos voluntários ou ajudando alguém, não sentirá nenhuma utilidade para a sua vida.

No lado profissional, o 2 veio para servir, trabalhar em grupo e cooperar. Independentemente da posição que ocupar, vai precisar sempre estar rodeado de pessoas. Terá sucesso como sócio de alguém e será muito útil na execução de trabalhos que exijam paciência, detalhe e pesquisa. Deve se cercar de pessoas democráticas. Se no grupo houver pessoas dominadoras, ele será taxado de fraco, inseguro e influenciável.

Ano Pessoal = O ano 2 rege os relacionamentos, em todos os níveis. Deve-se tomar cuidado com intrigas e fofocas, que farão parte do dia a dia no decorrer do ano. Ele aumenta o desejo de união e traz muita possibilidade de sociedades e associações. Pode representar também a quebra de contrato, matrimonial e de sociedade. Ambos serão sucedidos por novas alianças. O ano marca também a materialização das ideias tidas no ano anterior (1), que poderão ser executadas com ajuda de sócios. Algumas atividades consideradas passatempos serão de grande ajuda no orçamento familiar. Basta apenas deixar as coisas fluírem naturalmente, sem censura e sem se importar com o que as pessoas vão dizer. O ano é da paixão. Tudo será movido por ela: o trabalho, a família, os relacionamentos e uma simples viagem. Para obter sucesso neste ano, faça as coisas com amor. Sua presença será solicitada em vários locais; procure ser atencioso, ande mais lentamente dentro de sua casa e no trabalho e observe cada detalhe a sua volta. Muitos negócios e oportunidades serão conquistados apenas observando as coisas ao seu redor. Nas disputas, cheque as fontes antes de tomar uma decisão ou pender para um lado.

Mês Pessoal = O mês 2 marca um momento de associações e uniões com pessoas. Sua influência será mais intensa nos anos ímpares 3, 5, 7 e 9; nos anos pares 2, 4, 6 e 8 poderá vir acompanhada de depressão e situações constrangedoras. As decisões devem ser tomadas em conjunto ou após consulta a pessoas de total confiança. O mês será de aprendizado e acúmulo de conhecimentos. Fique na retaguarda, não exponha seus sentimentos, tampouco seus projetos, a qualquer um. Se tiver de reclamar a alguém, faça-o em local reservado e previamente escolhido. Seu estado emocional inspira cuidados; se sentirá mais carente e solitário, e qualquer negativa será tratada como rejeição. O momento requer planejamento e adiamento das decisões mais importantes. Estude e reveja tudo antes de assinar qualquer documento e, quando for inevitável, assine na presença de testemunhas e esteja acompanhado de especialistas no assunto.

Dia Pessoal = O dia é lento e chato, bom para reuniões, trabalhos de pesquisa e relatórios. A conduta deve ser passiva e defensiva. Todas as informações que chegam neste dia devem ser checadas. Não decida nada antes de ouvir os lados envolvidos e não dê abertura para comentários. Num dia 2 é comum as coisas acabarem virando contra quem não tem responsabilidade nenhuma sobre o assunto. O dia traz sensibilidade e carência afetiva, além de um sentimento de perda que não destaca a procedência. Procure estar na presença de amigos e pessoas queridas.

NÚMERO 3
Representação Gráfica: ∴
Conceito Filosófico: A relação
Carga: Negativa – Ímpar
Ente: Masculino
Letras: C, L e U

Saúde = Rege as glândulas e suas doenças estão relacionadas com o sistema responsável pela fala.

Numerologia = Simboliza o mito, a Santa Trindade, a perfeição, a comunicação, o culto ao belo, a diversão, a energia pura, a expansividade, a inspiração.

Ente Humano = Sua presença simboliza a alegria e o riso, a fantasia, a preocupação com a forma, a mente aberta, o diálogo, o desapego das coisas materiais, o lado artístico e criativo, o discurso.

Sua ausência simboliza a falta de comunicação, o desleixo, a soberba, a superficialidade, o dramático, a falta de habilidade física, a vaidade, os pecados capitais.

Seu excesso simboliza desgaste energético, ser perdulário, ser sedento de prazeres mundanos, fazer da vida um teatro, loucura, dons artísticos, força criadora, inteligência rara e privilegiada.

Comportamento = Na *idealidade*, há o desejo de viver e experimentar as coisas prazerosas da vida. Sua família espiritual vem da falange paterna. Seu nascimento representa alegria, esperança e recupera nas pessoas o desejo de viver e serem felizes. Pode representar também a aproximação entre as pessoas da família que estavam distantes. Sua facilidade de aprendizado e sua alegria vão exigir uma reciclagem dos pais para acompanhar seu ritmo e não inibir suas múltiplas habilidades. Adora estar rodeado pelas pessoas e fará tudo para chamar a atenção. Tem facilidade de falar sobre sua vida íntima sem inibição e poderá ser indiscreto em determinados momentos, já que considera natural a exposição e não consegue guardar segredos. Sua inquietude e energia o farão buscar muitas ocupações e, mesmo em repouso, sua mente vai criar muitas coisas interessantes. Gosta de pessoas que tenham muita energia e disposição ou que estejam sempre preparadas para experimentar. Seu desejo exagerado pelo prazer pode atrapalhá-lo e torná-lo escravo delas.

Na *impressão* é agitado, alegre e fala pelos cotovelos. Sua energia é tão intensa que terá dificuldade de se expressar com palavras. Frequentemente será pego falando com as mãos ou, quando parado, movimentará alguma parte do corpo. O gosto pela forma e pelo belo farão com que use roupas da moda ou coloridas e estará sempre pronto a mudar seu visual. Vai causar muita inveja. Mesmo não sendo belo é atraente e cativa com facilidade a atenção das pessoas. Bem treinado, poderá ser ótimo orador; caso contrário, será um falastrão e falará sem vergonha sobre muitos absurdos. Tem atração pelas coisas ilícitas e pelo lado obscuro da vida.

Pode apenas ser espectador, mas, se sua moral for deficitária, seu movimento será o de experimentar todas elas.

Na *expressão* é criativo, expansivo, charmoso e autossuficiente, faz da sua vida uma constante reunião social. Seu lado artístico faz com que veja o mundo de forma diferenciada. Pode ser um contestado, não no discurso, mas na prática, no seu jeito de andar, vestir e até de falar das coisas do cotidiano. Pouco convencional e gostando das coisas mais complexas e difíceis, poderá sempre estar enroscado ou sendo acusado de coisas que não são da sua inteira responsabilidade. Sua língua afiada poderá causar danos em pessoas queridas ou que não estejam habituadas com sua suposta franqueza. Seu espírito de conquista e de querer mais espaço pode fazer dele um grande competidor. Se não for moralmente bem instruído, será uma pessoa sem escrúpulos, querendo alcançar o topo a qualquer preço. Tem facilidade de fazer intrigas, mas quando tem bom senso, costuma ser um ótimo negociador, já que tem a facilidade de se expressar. Sua versatilidade e sua expansividade o farão um profissional multimídia e de cultura multidisciplinar.

Destino = O 3 indica um espírito que veio para a redenção. Sua missão é trazer aos outros uma mensagem de alegria e de esperança, mostrando uma saída criativa e demonstrando a utilidade do pensamento e da força libertadora do conhecimento. Sua forma de expressão pode estar materializada nas artes e no lúdico, mas será um ardoroso defensor da liberdade e de todas as formas de expressão. Será sempre tentado pelas trevas; sua energia pura, brilhante e expansiva vai atrair muitos espíritos vampiros, pessoas que desejam se aproveitar da sua luz. Deve ser bem instruído e ter forte embasamento espiritual e moral, senão poderá servir a tudo de mais degradante dentro de uma sociedade.
Apelará para o exibicionismo, a desordem, as futilidades, e seus relacionamentos poderão ser cercados de pessoas desinteressantes e de pouca evolução moral e intelectual. Alcançará um entendimento múltiplo mas superficial das coisas da vida. Sua maior dádiva é possibilitar aos outros o direito de se expressar, mesmo que o discurso seja nocivo à sociedade. A sorte vai

acompanhá-lo ao longo da vida e deve ser encarada como um teste, já que foi salva das profundezas do mal em encarnações passadas. Seu sucesso de hoje poderá possibilitar a salvação dos amigos que ainda continuam em situação de degradação.

Seu lado profissional dependerá da liberdade que ela terá para desenvolver o seu potencial dentro do cargo que ocupar ou no ambiente em que está inserido. O 3 é uma entidade humana que precisa de espaço. Se não encontrar maneiras de crescer, vai procurar outras atividades para compensar essa limitação. Mesmo formado em um determinado campo, sempre fará correlações com outras atividades e poderá ainda abrir novas fronteiras para sua profissão.

Ano Pessoal = O ano 3 é o ano das oportunidades, da ocupação dos espaços e do crescimento. Este ano marca a chegada da maturidade dos projetos iniciados nos anos anteriores. Já é possível dominar as mudanças feitas na carreira, no amor e nos relacionamentos do dia a dia. Há crescimento em todos os sentidos. A única coisa que o impedirá de chegar ao ápice serão as lições não cumpridas nos anos 1 e 2. Lembre-se de que na numerologia você deve estar em perfeita sintonia com a vibração que o número pede; caso contrário, não desfrutará o lado positivo dele. O ano traz alegrias e o desejo de se soltar um pouco mais do que o normal. Tudo que se refere a diversão, comida e sexo será tratado com muito mais interesse. O 3 traz disposição e energia para revirar as coisas, mexer nas gavetas, desembaraçar assuntos complicados e até fazer mudanças radicais, sem culpa ou dramas. Mas também poderá ocasionar problemas pelo excesso de excentricidade, pompa e presunção, causados pela sensação de poder intrínseco, fazendo com que se corram muitos riscos ou se ponham em risco coisas já estabelecidas. O momento é de ampliar os horizontes, ocupar todos os espaços possíveis, expandir seus negócios ou simplesmente seus conhecimentos sobre o mundo, de forma acadêmica ou não. A desenvoltura na fala e na expressão corporal vão facilitar a comunicação no trabalho, no círculo de amizades e na família. Esse equilíbrio fará com que se alcancem postos mais altos na carreira. Por outro lado, se essa energia não for utilizada de maneira positiva, haverá língua afiada e ferina, causando problemas em diversos setores da vida, ora por falar demais, ora por dizer impropérios para as pessoas erradas e no momento errado. O ano pode ser considerado o mais alegre e promissor de todos dentro da matriz numerológica, mas deve-se guardar dinheiro e não contar com o mesmo momento positivo no ano seguinte.

Mês Pessoal = O mês 3 marca o momento da expansão, da imaginação e das ideias criativas. Assim como no ano 3, o mês 3 é o mais positivo entre os meses. Pode abrir caminhos e perspectivas muito acima das expectativas, bastando apenas confiança e menos rigidez. Mesmo nos anos pares 2, 4, 6 e 8 sua presença mantém as potencialidades desses números acima da média. O 3 dá o impulso necessário para que as coisas aconteçam ou, pelo menos, se tenha a disposição necessária para fazê-las. O mês traz uma vida social mais intensa, encontros e reuniões quase sempre relacionados a almoços e jantares. Por outro lado, traz também uma certa imprudência, dispersão de energia e desejo desenfreado de sentir prazer a qualquer custo e em qualquer situação. Ótimo mês para falar em público ou fazer apresentações de projetos e discursos.

Dia Pessoal = O dia é movimentado e cheio de alternativas. É o momento de falar o que pensa e como se sente diante de algumas coisas, sempre usando o bom senso e se policiando para não ser indiscreto. Ocupe os espaços, senão alguém o fará no seu lugar. Não fique preso somente às suas atividades; explore mais outros campos ou experimente criar alternativas.

O dia pede exposição da imagem e presença. Não recue nem se esconda por motivo algum: a submissão e a omissão serão punidas. O momento é ótimo para almoço ou jantar de negócios. Esclareça tudo que puder e não desperdice tempo com assuntos fúteis; seja incisivo e direto. Procure não ficar muito tempo em lugares fechados – o 3 gosta de liberdade e qualquer limitação causará irritação.

NÚMERO 4
Representação Gráfica: ::
Conceito Filosófico: A reciprocidade
Carga: Positiva – Par
Ente: Feminino
Letras: D, M e V

Saúde = Rege os ossos, a musculatura, os dentes e tudo que dá sustentação mecânica e estrutura ao corpo. Suas doenças estão relacionadas com deficiência física, reumatismo e artroses.

Numerologia = Simboliza o planeta Terra, a matéria bruta, as estruturas, os elementos (água, terra, fogo, ar, plasma, ondas, etc.), as células, os átomos, as partículas, os pontos cardeais, a construção, os entes da natureza, o limite, a moral, as leis, as doutrinas, as ciências exatas.

Ente Humano = Sua presença simboliza a resistência para a vida, o lado prático, a acomodação, a disciplina, a franqueza, o moralismo, a lealdade, a perseverança, o caráter, a responsabilidade, a concretização, a limitação.

Sua ausência simboliza a desordem, o medo, o escapismo, a irresponsabilidade, a falta de concentração, a truculência, a falta de estrutura, a falta de senso, a baixa resistência física e emocional.

Seu excesso simboliza o idealismo, a ganância, a manipulação, o alto grau de concretização, o materialismo, o abuso de poder, a resistência excessiva a mudanças, a teimosia.

Comportamento = Na *idealidade*, há firmeza de caráter, autodisciplina e rigidez. Sua família espiritual vem da falange materna. Seu nascimento marca um momento difícil do casal e pode representar também dificuldades do momento da concepção à gestação, ocasionando rejeição e culpa. Vai desenvolver capacidade de autogestão e tentará ser o menos dependente possível do mundo externo. Mesmo afetado por doenças, será resistente e lutará até as últimas forças. Essa resistência vem da experiência vivida no nascimento, quando aprendeu com a mãe a superar problemas. Essa experiência marcará sua vida por muitos anos, podendo torná-lo duro e autossuficiente, mas também rancoroso e vingativo. Trabalha sempre no limite de suas forças. Se não tiver alimentação regrada e boas horas de sono, poderá pôr em jogo toda a estrutura física e será insuportável conviver com ele. Resiste a tudo que é novo e desconhecido. Seus conceitos de vida estão bem arraigados e não será surpresa vê-lo defendendo religiões e posturas ortodoxas. Não é inventivo nem bom para criar, mas compreenderá tudo que já foi testado e tenha metodologia. Seu pensamento é racional e prático.

Na *impressão*, há movimentos fortes e compassados. À primeira vista passará uma imagem de pessoa rude e sem muita amabilidade. É convencional e muito formal, detesta surpresas e mudanças de última hora. Sempre solícito, desde que comunicado e por uma boa causa, honesto, leal e cumpridor das tarefas no prazo e com precisão. Gosta de ordem, disciplina e respeito pela hierarquia, mas será também um burocrata teimoso e conservador. Essa tendência fará com que perca muitas coisas interessantes e prazerosas, pois as pessoas inibem o desejo de convidá-lo ou de mostrar-lhe algo. Como pai, mãe, marido ou esposa será sempre o último a saber, pois todos temem sua reação. Rotineiro, tenderá sempre a fazer o mesmo caminho, comer a mesma coisa e até fazer sexo sempre do mesmo jeito. Para convencê-lo a fazer de modo diferente, deve-se mostrar com bons argumentos as razões para a mudança ou ter paciência e esperar ganhar sua confiança com o tempo.

Na *expressão*, é prático, sistemático e sempre atento a todos os detalhes, vai se posicionar como se fosse uma sumidade naquilo que se propõe a fazer, sempre superando os limites de sua falta de criatividade e espontaneidade. Sua mente lógica e matemática fará dele uma pessoa calculista, que correrá poucos riscos. Só baixará a guarda quando apaixonado, podendo cometer os maiores absurdos contra a própria natureza. A paixão o deixa assustado e indefeso. Vive sempre no limiar de situações da vida (medo, sofrimento, culpa e desejo de morte), que funcionam como alimento para ele. Quanto mais pressionado, maior será a sua resistência e seu poder de reconstrução. Será capaz de começar do zero. Sua disposição e força para reconstruir, manter a estabilidade e voltar a sentir as coisas que o deixam sereno estão mais ligadas ao medo de construir e mudar do que à manutenção da felicidade.

Destino = O 4 indica um espírito científico e preocupado em compreender os processos humanos e físicos que norteiam o Universo, sem transcender ou apelar para as coisas divinas. O 4 representa todos os elementos que dão forma e estruturam as coisas vivas e tudo que compõe o lado primitivo da sociedade (seus meios de produção e seleção natural). Tudo que acontece na vida desse indivíduo deve ser explicado pelos processos naturais e científicos; nada de espiritualidade ou paixão pelas religiões. Sua vida evidencia a supremacia da ciência e da lógica sobre a religião e a superstição. No entanto, serão essas pessoas que darão os fundamentos e conceitos para que se construam e proliferem as ditas coisas espirituais. Embora possa parecer um contrassenso, essas afirmações têm vários exemplos ao longo da história da humanidade. Seu destino é pôr ordem no caos e trazer a compreensão para o âmbito da disciplina, da prática e do método. Mesmo pertencendo à vanguarda do que há de mais técnico e moderno, fará de tudo para manter o *status* antigo e tornar essas conquistas duradouras e dogmáticas. No decorrer de sua existência enfrentará muitos obstáculos, caminhos sinuosos e muita resistência física e psicológica para completar suas coisas. Muitas vezes terá de começar do zero, se o que foi construído não tiver sido feito sobre alicerces fortes e profundos. Tudo ruirá: casa, família, trabalho, respeito e saúde; tudo terá uma conexão com as bases que ele construir. Na casa e na família, há pressa em montá-la e a má escolha do par amoroso. No trabalho, há a escolha circunstancial e materialista, atitudes inescrupulosas para atingir o topo; e na saúde, trabalho excessivo e descuido com a alimentação. O 4 é um destino duro e de muita responsabilidade, pois suas ações vão estruturar e garantir aos membros da família e da sociedade um futuro equilibrado e estruturado para que possam completar suas missões e manter as próximas gerações.

O lado profissional será marcado pela dedicação, muitos obstáculos e um desejo de ser o mais preciso e completo possível. Tudo que fizer terá a marca da eficiência; por menor e mais inexpressivo que seja o seu trabalho, sempre se destacará pela coerência, clareza e honestidade. Suas habilidades manuais também serão um grande diferencial. Tudo que tenha método, organização, hierarquia definida e *status* será atraente para ele.

Ano Pessoal = O ano 4 é o ano da reconstrução e da retomada do controle. Pode ser considerado o mais difícil entre todos os anos da matriz numerológica. Mesmo assim, será o ano em que se poderão estruturar todas as coisas da vida cotidiana. Sua influência limitadora vai fazer com que tudo seja posto no seu devido lugar. O período positivo, expansivo e alegre do ano 3 provoca muitos devaneios e desgastes desnecessários de energia, dinheiro e saúde. O 4 vem restabelecer a ordem natural das coisas e colocar os pés no chão. O ano pede poupança, controle, autodisciplina e perseverança. Todos esses ingredientes devem ser usados, pois os obstáculos e as dificuldades só poderão ser superados com a sua utilização. É muito comum querer superar um ano difícil como esse correndo, forçando as coisas e, principalmente, desesperando-se. Mas o ano pede calma e passos lentos, organização e reavaliação de todos os procedimentos. O momento é de sentar à mesa de trabalho, rever cada passo dado nos últimos anos e recomeçar do zero, caso seja necessário. O 4 favorece todo recomeço e toda iniciativa de reparos, desde uma simples reforma no piso da casa, uma construção de imóvel, a mudança da rotina de trabalho, até o começo de uma nova vida. Tudo será lento e vagaroso, com muitos detalhes, mas eles serão compensados nos anos seguintes e diminuirão o sofrimento e o impacto retroativo do ano. É comum também ser surpreendido com perdas de dinheiro, emprego, trabalho e da saúde. Essas coisas combinadas irão facilmente tirar a vontade de fazer qualquer coisa. Até nesse momento, deve-se apenas tratar os problemas de maneira racional. Na hora de fazer a retrospectiva será possível identificar onde estava o erro e o que ocasionou essas perdas. A grande sacada do ano é não só identificá-las, mas também refazê-las da forma correta.

Mês Pessoal = O mês 4 marca o momento da disciplina, do controle e do planejamento. Tudo nesse mês vai exigir muito do físico e do intelecto. As decisões só devem ser tomadas com base nos dados e na reflexão exaustiva do problema. Não corra nem precipite as coisas. Cada detalhe e cada ação devem ser feitos de maneira lenta e bem pensada. É um ótimo momento para executar tarefas, limpar a mesa, fazer reparos em casa e, principalmente, rever a rotina do trabalho. O 4 representa trabalho duro, árduo e extremamente desgastante. Deve-se cuidar da alimentação e não exceder o horário, organizar melhor as tarefas para não perder noites de sono, pois sem elas corre-se o risco de ficar doente nesse período. Se a pessoa tiver boa resistência, nada sofrerá no momento, mas colocará em risco os meses seguintes, pois estará doente e não poderá usufruir os resultados. O 4 representa no ente humano a estrutura de todos os órgãos, e ferir essa vibração poderá causar distúrbios em todo o corpo. Nos anos pares sua influência é intensa e reforçará as características negativas de cada número regente do ano. No ano 4 reforçará a característica positiva do número, sendo um mês de crucial importância para as pretensões do ano. Nos anos ímpares sua influência será menor, mas causará lentidão e revisão das estratégias do ano.

Dia Pessoal – O dia é lento e cansativo. Haverá necessidade de rever posições e as decisões tomadas no dia anterior. O momento é de fazer as contas, limpar a mesa e não gastar dinheiro. Evite deslocamentos, pois os contatos estarão dificultados pela lentidão do dia. Não force as coisas, pois o resultado será o mesmo que obterá se não procurar ninguém. Portanto, gaste energia com outras coisas. Só vá a reuniões que já estejam marcadas e, sempre que tiver chance de agendar uma reunião, visita ou entrevista, nunca use o dia 4, que traz sempre contratempos, como atrasos na sua chegada ou da outra pessoa, até cancelamentos de última hora. Esse dia é ideal para execução de tarefas e concentração plena nas prioridades. Qualquer inversão pode ser prejudicial aos seus propósitos. Evite tomar decisões sobre dinheiro nesse dia, e faça só aquilo que já estava planejado, porque o dia pode reservar surpresas no campo financeiro. Tente comer em horários adequados e, se possível, não deixar de fazer nenhuma refeição. O final do dia será muito cansativo; tente dormir mais cedo.

NÚMERO 5
Representação Gráfica: ∴
Conceito Filosófico: A forma
Carga: Negativa – Ímpar
Ente: Masculino
Letras: E, N e W

Saúde = Rege os sentidos e a forma física. Seus problemas estão relacionados com pele, doenças sexualmente transmissíveis e toda moléstia que se propague pelo contato, além das causadas por acidentes.

Numerologia = Simboliza a superação da matéria, os sonhos, o movimento, a alquimia, o inconsciente, a transformação, a mutação, o médium, o magnetismo, a sexualidade, a liberdade, a anarquia, a experiência, o laboratório, a pesquisa, o cidadão do mundo, a magia, o ritual.

Ente Humano = Sua presença simboliza o prazer pela vida, a coragem, a liberdade, o desejo de mudança, o poder de adaptação, o espírito de aventura, as habilidades físicas e inatas, a sedução, a versatilidade, a curiosidade, a vidência.

Sua ausência simboliza a falta de comprometimento, a inconstância, o tédio, o espírito aprisionado, a esquizofrenia, a falta de iniciativa, a fuga, a pessoa sem atração, desengonçada.

Seu excesso simboliza a preocupação demasiada com a forma, a fixação sexual, o fetichismo, a incoerência.

Comportamento = Na *idealidade*, há luta interna constante e frequentes mudanças de humor. Sua família espiritual vem da falange paterna. Seu nascimento marca transformação na família. O momento do casal é um misto de atração e repulsa e pode representar o inesperado e a apreensão até o dia do nascimento. Após sua chegada, nada mais será como antes. Será como um divisor de águas. Sua comunicação mediúnica é evoluída, mas precisa de iniciativa, caso contrário transformará a habilidade em problema, dificultando a sua adaptação com a realidade. Habilidoso e sempre com ideias novas e ousadas, vai sempre chocar as pessoas com seu discurso. Mas lá no fundo é sabedor de que há muitos riscos e também tem medo. Detesta a rotina e a limitação das pessoas, quer ser livre e sente-se incomodado quando cercado de pessoas tradicionalistas e de pouca visão intelectual. Gosta de movimento e de viagens. Está sempre aberto a novas experiências e pode passar de um conceito a outro sem se desestruturar. Erra muito, mas é capaz de mudar ao menor sinal de incompetência. Costuma confundir as pessoas, porque sempre muda de opinião no meio do caminho, durante um discurso ou conversa. Seu erro é não comunicar em tempo aqueles que ficaram com a primeira informação. Não faz por maldade, mas por não saber diminuir a velocidade. Quando é moralmente falho, faz por falta de compromisso, irresponsabilidade e desejo obscuro de ver o "circo pegar fogo".
Na *impressão*, há o movimento constante, rápido e tem aparência simpática. Atraente, parece que sempre está tentando seduzir alguém. Na maior parte das vezes é seu jeito de ser, não há objeto de desejo. Para outros, à primeira vista parece sempre estar em luta contra alguém ou algo. Nervosismo é uma característica evidente. Não leva desaforo para casa, responde

a tudo sempre na mesma intensidade, podendo ser às vezes agressivo. Sempre muda de caminho, roupa e até de relacionamento sem cerimônia. Parece sempre estar pronto para o que der e vier. Gosta do discurso, de aparecer em público e pode mentir com facilidade. Tem o dom de representar personagens. Sua personalidade eclética faz com que se adapte a muitos tipos de pessoa. Está sempre à procura de prazer e contato físico. Torna-se inquieto quando não consegue saciar a fome e pode sublimá-la, mantendo contato físico moderado com abraços, toque de mãos, ou simplesmente dividindo seu espaço íntimo ou invadindo o de alguém. Seu desejo pelo contato físico faz com que atraia pequenos acidentes. Não é de surpreender vê-lo constantemente machucado.

Na *expressão*, talentoso e consciente do processo histórico de que é herdeiro, está sempre ligado a novas ideias e formas de vida. Inovador, mas extremista, detesta ficar atrelado ao velho e ao ultrapassado e age com desprezo aos opositores. Capaz de causar separação e desagregação quando não coloca as suas ideias de forma clara, tem um discurso sedutor que confunde as pessoas que querem mudar mas não sabem como. Pensa na vida como uma grande aventura, quer liberdade e transformar o mundo em que vive, e acha que todos devem pensar como ele. Aprende de tudo um pouco. Fala sobre vários assuntos e pode ser poliglota. Mesmo que não domine a língua se comunicará com facilidade, pois não vê fronteiras nem respeita os limites geográficos e sociais. Tem pouco respeito pela hierarquia e só respeita quem admira ou quando está convencido de que vai aprender. Errático, experimentará de tudo pelo menos uma vez. Será mais compreendido na fase madura da vida, quando já tiver testado suas teorias. É um bom vendedor, tem jeito para lidar com públicos diferentes e sabe juntar "alhos com bugalhos". Quando faz mau uso da liberdade, é rancoroso e faz críticas vorazes às pessoas que tentam ser livres. No trabalho é um bom líder, moderno e arrojado, mas tem dificuldade de controlar as pessoas porque respeita demasiadamente a opinião e a liberdade alheias. Dará aos outros a mesma autoridade que tem.

Destino = Veio para provocar mudanças, experimentar as coisas da vida com a finalidade de aprendizado e evolução. Seu preço será o de não poder desfrutar as coisas que conquistar e de controlar sua vida. Tudo mudará de forma repentina. O deslocamento e as viradas de mesa serão constantes; nada será fixo e duradouro. As coisas serão transitórias, mais que para qualquer outro ser humano. O 5 representa o espírito com a função de intermediário entre o mundo sensível e espiritual; sua sensibilidade é desenvolvida, mas sua compreensão é natural e não intelectualmente elaborada. Para ele basta sentir, ou seja, vivenciar para compreender. Apesar do seu desejo de liberdade e de transformação, sua fixação sexual e busca constante do prazer o tornarão prisioneiro e impedirão, em alguns períodos da vida, o seu crescimento. Essa faceta, combinada com o gosto pelo contato social e pelo sexo oposto, colocará sempre em risco o *status* e as conquistas alcançadas. Dotado de espírito aventureiro e versátil, se sentirá bem em qualquer lugar do mundo, principalmente onde tenha coisas exóticas, movimento intelectual, alguém para conversar e seduzir. Intuitivo, interativo e constantemente fazendo troca de energia, será alvo de ataques de vampiros energéticos e sempre terá de se recarregar e ionizar o corpo, pois sai no prejuízo ao fazer as trocas. Seu crescimento sempre estará pautado num exercício constante de liberdade de expressão e movimento, coragem, ousadia e entendimento que tem da natureza humana; quando esses ingredientes estiverem postos à mesa, seu sucesso será completo em qualquer atividade que escolher.

No lado profissional gosta de delegar, quer deixar as pessoas livres para que também possa ser livre. Aprende com facilidade e, como tem muita percepção, faz leituras e diagnósticos precisos. Seu domínio está no charme e no discurso cativante. Aproxima-se de forma suave e amigável e por isso consegue sempre obter mais respostas que o necessário. Como é adaptável, mudará constantemente de função sem perder sua característica mais marcante. Não funciona por muito tempo em lugares fechados onde não haja projeção, promoções ou projetos que desafiem sua capacidade.

Ano Pessoal = O ano 5 é o ano da mudança. Normalmente é um ano difícil para quase todo mundo. Não que seja negativo, mas grande parte dos seres humanos resiste às mudanças e não gosta de se desfazer das coisas conquistadas. O desejo e a ideologia do consumo impedem que nesse ano seja feita a verdadeira transformação, que poderá modificar o significado da vida para sempre. O 5 é o número da alquimia, indicando o momento de transformação da pedra bruta e do primitivo para o ouro e o divino em nós. Ele representa o ente humano que já transitou e experimentou as sensações individuais e próprias da sociedade primitiva, a caverna, a família, o sexo, o amor e suas desilusões. Agora chegou a vez de dar novo alento, buscar novos rumos, novos portos e campos de batalha. É o caminho do meio na matriz numerológica. Aqueles que fizerem bem essa lição evoluirão. O ano é de muito movimento, cheio de surpresas e mudanças repentinas. Vai parecer que se está sempre a reboque de tudo, a cada dia uma nova notícia e uma nova forma de encarar as coisas. Não se deve confiar na aparente calma das coisas. Esteja preparado: contratos e acertos dados como fechados podem mudar de uma hora para outra. O 5 é um ano de contatos, viagens e deslocamentos rápidos. Deve-se tomar cuidado com o campo energético. O 5 faz muita troca de energia e convém evitar excessivo contato físico.

Para minimizar os efeitos nocivos dessas trocas convém tomar banhos aromáticos e ionizantes durante o ano. Não hesite em mudar; a resistência à mudança será punida durante o ano. É bem provável que muitos dos assuntos que trarão dores de cabeça nesse período tenham raízes no ano 4. O ano 4 pede estrutura e organização; se o ano 5 estiver ruim, é porque você não estruturou ou organizou a vida de forma correta. O 5 pode trazer mudança de emprego, casa, etc. Não se desespere, pois o ciclo das coisas do passado chegou ao fim e tudo nesse momento é passageiro.

Mês Pessoal = O mês 5 traz mudanças, deslocamentos curtos e até viagens de última hora. Sempre que tiver em mente algum tipo de mudança, faça-o nesse mês, pois o 5 deixa tudo mais fácil de ser feito. É o momento de mudar planos e fazer novas tentativas; todas as experiências e todos os contatos serão válidos. O magnetismo e o poder de sedução estarão em alta durante todo o período e vão facilitar sua autopromoção e aumentar suas chances de vender sua ideia ou produto. O 5 representa todo tipo de trabalho que atue na intermediação, viagens e contato com o público. Aproveite esse período para reivindicar melhoria de condições em qualquer área. Apesar da inconstância e das mudanças de humor, a disposição e a energia sexual estarão bem acima da média, possibilitando momentos de intenso prazer. Por outro lado, estará propenso a sofrer pequenos acidentes ou desilusões afetivas. Serão dores passageiras, mas que deixarão sequelas. Cuide do seu campo energético. Sempre que sentir uma mudança repentina no seu estado de espírito é porque está sendo influenciado por algum tipo de energia negativa ou não compatível com a sua. Meditação e banhos serão um santo remédio.

Dia Pessoal = O dia é agitado e cheio de alternativas; evite mandar recado ou usar intermediários nos seus assuntos. Tente ir até as pessoas. Hoje sua energia está sedutora e cativante e as pessoas irão ouvi-lo e poderão se convencer com mais facilidade. Não cante vitória antes do tempo: no dia 5 tudo pode acontecer ou mudar de uma hora para outra. Quanto mais livre e atento ficar, mais sucesso terá. Procure não ficar em lugares fechados, pois se sentirá irritado boa parte do dia. Procure ficar em deslocamento ou mudar um pouco a rotina. Para alcançar seus objetivos e aproveitar melhor a energia do dia, seja mais ousado, arrisque e deixe a mente mais aberta.

NÚMERO 6
Representação Gráfica: ⋮⋮
Conceito Filosófico: A harmonia
Carga: Positiva – Par
Ente: Feminino
Letras: F, O e X

Saúde = Rege o DNA e suas doenças estão relacionadas com questões hereditárias, doenças crônicas e dores nas costas.

Numerologia = Simboliza a harmonia, a família, a sociedade, a política, o mundo jurídico, a igualdade, o equilíbrio, o contrato, o lar, a metodologia, a ética, a universidade, os conceitos, as doutrinas, os axiomas, as convenções, o contrato de casamento.

Ente Humano = Sua presença simboliza organização mental, responsabilidade social, pacificação, didática, bom senso, gosto em servir, tranquilidade, protecionismo, caráter, senso de justiça, respeito às diferenças.
Sua ausência simboliza desorganização mental, ciúme, tédio, falta de confiança, desprezo social, despreparo, falso juízo, tendenciosidade, desconfiança.
Seu excesso simboliza meticulosidade, excesso de zelo, ciúme excessivo de seus pertences, obstinação, dominação, superproteção.

Comportamento = Na *idealidade* deseja paz, tranquilidade, adora o conforto da casa e da família. Sua família espiritual vem da falange materna. Seu nascimento simboliza a paz e a tranquilidade familiar; o momento do casal pode ser considerado bom e faz parte do curso natural do relacionamento. Pode não ser um momento financeiramente propício, mas o nascimento trará ajustamento e o fortalecimento da relação. Como recebeu muito amor, é tolerante em relação a falhas e deslizes da natureza humana, gosta da caverna e da harmonia entre as pessoas. Gosta da sintonia e observa o sincronismo das coisas do mundo; está sempre pronto a servir as pessoas e a comunidade sem querer retribuição. Seu anseio pela paz e conformidade inspira o desejo de fazer com que todos pensem como ele ou vivam conforme seus princípios. Deve ser bem instruído moralmente, pois tem facilidade de solucionar problemas e pode querer dar jeito em tudo, desconsiderando a ordem moral. Sua estima pelas pessoas fará com que se interesse por todos os assuntos e absorva com naturalidade o conhecimento de cada um. Se estiver emocionalmente envolvido, perderá todo o senso de juízo e poderá se anular por completo.

Na *impressão* é atencioso, parece sempre estar de braços abertos esperando para dar um abraço em alguém. Está sempre querendo agradar e pode se tornar demasiadamente inconveniente por forçar o contato físico e por intrometer-se naturalmente nas coisas alheias. Sentimental e preocupado com os problemas alheios, será capaz de atos de bondade além da conta. Sua natureza materna pode e é capaz de acolher até desconhecidos, desde que estejam precisando. Será um pacificador, um ótimo auditor. Sabe solucionar discórdias e seu senso de justiça e seu paternalismo fazem com que as pessoas confiem nele. Exagera na dose quando gosta; faz de tudo pela pessoa, mas pode também ser vingativo, devolvendo na mesma moeda o que o outro lhe fez. Tem estilo e charme, interessa-se por decoração e moda, não é extravagante, gosta de harmonizar cores e estilos diferentes.

Na *expressão* se movimenta como um professor, sempre ensinando, discutindo ideias e princípios com as pessoas. Sabe lidar com indivíduos de diferentes níveis sociais e sempre encontra um jeito de encaixar mais alguém nas coisas que está fazendo. Gosta de administrar e cuidar de tudo e de todos, costuma ser autoritário e paternalista, quer sempre estar a par de tudo que se passa, mesmo que não tenha ligação direta consigo. Gosta de trabalhar com as pessoas, adora a hierarquia e faz carreira. Planeja tudo e cumpre cada etapa com paciência e devoção. É um defensor da ordem, da moral e das tradições religiosas. Está sempre disposto a ensinar ou transmitir seus conhecimentos em consultorias. Tem metodologia própria e desenvolve com facilidade novos métodos de conduta e trabalho. Tem ligação muito forte com a família, mas pode igualmente se sentir bem se tiver condições de conforto que lembrem um lar.

Destino = Veio para reatar as alianças desfeitas na família carnal e espiritual. Todo seu trabalho está no âmbito familiar. Se não conseguir ter filhos, o que é raro, será mãe ou pai indireto de muitas crianças, adultos ou idosos. Buscará a paz na família e orientará os passos daqueles que estão desgarrados ou desiludidos com o amor familiar. Será uma mãe ou pai atencioso e protetor. Seu excesso de zelo poderá torná-lo autoritário e sufocador, mas também cúmplice, encobrindo erros e desmandos dos filhos. O casamento será uma meta a ser cumprida. Se não conseguir, será infeliz e desabrocharão sentimentos negativos e destrutivos. Prestará serviços valiosos à comunidade. Não faz autopromoção, tampouco quer levar vantagem material com isso. Apesar do seu lado humanitário, poderá ser político astuto e carreirista. Se tiver boa formação moral, espiritual e intelectual, será de grande ajuda para o desenvolvimento da sociedade, buscando sempre a melhoria de vida das pessoas. Tem bom gosto e estilo, poderá enveredar pelo caminho da moda com sucesso. Vai desejar e terá sucesso se trabalhar em família. Seu senso de responsabilidade e lealdade será de grande ajuda para todos. Deve-se insistir e dar condições de crescimento acadêmico e cultural a ele. Seu desejo de acomodação fará com que estacione e não cresça intelectualmente, achando que basta apenas ter uma família e uma vida amorosa convencional e pronto. Esse apaziguamento típico do 6 trará um complexo de inferioridade que vai destruí-lo com o tempo, pois perceberá que ficou para trás.

Seu lado profissional adora burocracia e precisa ver claramente o fim do túnel. Quer regras claras e sem complicação; gosta de competir, embora seja leal e honesto. Não gosta de arriscar, quer trabalho que dê segurança e vantagens. Demorará para ser o próprio patrão e, a não ser que seja agraciado com herança, evitará tal arrojo. Aprende com facilidade e, se bem instruído, desempenhará qualquer atividade, mas precisa se sentir, no trabalho e com seus companheiros, como se estivesse na família. Sem isso, perde o interesse e se torna medíocre ou procurará um lugar que lhe dê retaguarda. Se ocupar cargos de chefia sem essa retaguarda, será inseguro, passará a ser uma pessoa dominadora, autoritária e formará seu próprio grupo para se proteger.

Ano Pessoal = O ano 6 é o ano do ajustamento e do acerto de contas. Costuma ser um ano tranquilo; seu movimento e os problemas serão relativos à família e aos relacionamentos de trabalho. É o momento de garantir as mudanças que foram feitas no ano 5. Se no ano anterior não teve controle das coisas, nesse ano tudo depende do controle e domínio. É um ano de alianças políticas, contratos e acordos para garantir segurança; é provável que casamentos e relacionamentos mais duradouros aconteçam nesse momento, pois a energia que o 6 pede é de assentamento e tudo que represente isso será freneticamente procurado. O 6 representa a mãe e a família, trazendo muitos contratempos nesse campo. Para minimizá-los, deve-se diminuir a velocidade ao entrar em casa, ouvir mais as solicitações e não optar pelo trabalho ou qualquer outra coisa além da família e seus membros mais próximos. Apesar disso, a maior satisfação e realização desse ano também virão da família. No trabalho, poderá assumir maiores responsabilidades por acúmulo ou até por promoção. Para aqueles que estão fora do mercado, será o ano da volta. O ano também traz problemas e assuntos ligados à justiça, quebra e abertura de contratos, pagamentos, recebimentos e tudo que dependa de assinatura e acordo entre partes. Deve-se buscar sempre acordos amigáveis e fugir ao máximo da decisão judicial. Apesar disso, não hesite em entrar na justiça depois que se esgotarem todas as tentativas de acordo. O momento também favorece o acerto de dívidas, desde as financeiras até as pessoais, como visitas, objetos e até cartas a amigos. O sentimento de harmonia e de paz estará presente o ano inteiro, mas não evitará os conflitos, principalmente no trabalho e na família. O lado protetor, dominador e o excesso de zelo do 6 podem influir negativamente nos juízos e decisões, deixando-o parcial e tendencioso; portanto, preste atenção e seja cuidadoso para não apoiar quem não merece, em detrimento daquele que está com a verdade. Os momentos sociais e a presença de pessoas mais influentes também vão ajudá-lo a alcançar os objetivos traçados. Aproveite ao máximo esses contatos e transforme-os em coisas produtivas. O ano pede paz. Tudo que não simbolize ou não esteja de acordo com isso deve ser evitado, modificado ou simplesmente deixado de lado.

Mês Pessoal = O mês 6 traz mais responsabilidades e obrigações, tanto no trabalho como no âmbito familiar. Tente usar um método de organização nas suas tarefas. Seu sucesso nesse mês depende de um bom plano de ação. Sua tranquilidade e serenidade irão contrastar com o caos a sua volta, por isso não se surpreenda se passar boa parte do tempo mediando conflitos e disputas. Haverá pressão para optar por um dos lados; não cometa esse equívoco. Seja político, mas justo. Sua palavra valerá muito e poderá causar estragos e desilusão em pessoas queridas. O momento pede também mais cuidado com assinaturas e documentos. Evite passar adiante coisas incompletas, pois se voltarão contra você em um curto espaço de tempo. É hora de buscar acordos amigáveis tanto no recebimento como nos pagamentos; não assine nada sem prévia consulta. Se tiver filhos, fique atento. Sua omissão representará a derrocada deles. O momento pede mais beleza e harmonia nos espaços de convivência. Para conseguir o que deseja, deve-se primeiro dar uma mudada no ambiente interno e no externo para depois pleitear as coisas. Proteja, dê amor e atenção e será recompensado. Seja omisso, desleixado e ciumento e será punido. Mesmo que você queira, não haverá meio-termo.

Dia Pessoal = O dia será tranquilo e sereno se você não buscar confronto. Se desconsiderar essa regra, terá problemas.
O dia pede acordo, muito jogo de cintura para cumprir as tarefas e os seus compromissos financeiros, contratuais, familiares, pessoais e até amorosos. Embora pareça bobagem, dê mais atenção a seu jeito de vestir e de arrumar o local de trabalho. Mesmo que seja de forma bem singela, mudar somente um pequeno detalhe fará uma tremenda diferença e trará uma atmosfera positiva contagiante a sua volta. Dê atenção para os assuntos familiares; não tente impor suas ideias, ouça, pondere e assimile as queixas. Não encare isso como um fardo. No trabalho também é preciso aceitar outras posições que não as suas. Além de sábio, evitará disputas desnecessárias.

NÚMERO 7
Representação Gráfica: ⠛
Conceito Filosófico: A evolução cósmica, o salto qualitativo
Carga: Negativa – Ímpar
Ente: Masculino
Letras: G, P e Y

Saúde = Rege a psique e suas doenças estão relacionadas com estômago, intestinos, infecções, problemas nervosos e perturbações de causas psicológicas e espirituais.

Numerologia = Simboliza o mistério, a espiritualidade, o mítico, o pensamento, a filosofia, a metafísica, o mundo espiritual, o sobrenatural, os sábios, as ciências esotéricas, o estudo, a pesquisa.

Ente Humano = Sua presença simboliza o conhecimento profundo, a autoestima, a humildade, o equilíbrio espiritual, a discrição, a sensatez, o refinamento.
Sua ausência simboliza o orgulho, a depressão, a crítica contumaz, a timidez, a limitação racional, a instabilidade psíquica, o confuso, a fuga, a superficialidade, a utopia, a solidão.
Seu excesso simboliza o gosto pela investigação, a sabedoria, a distância das pessoas, o mestre visionário, a superestima, a pregação.

Comportamento = Na *idealidade*, fechado, enigmático e analítico, não gosta de expor seus sentimentos. Sua família espiritual vem da falange paterna, mas em virtude de sua importante missão espiritual pode ter vindo também de outra falange ou usado os atuais pais como veículo para reencontro posterior com os que fazem parte do seu enredo. Seu nascimento simboliza um enigma. Seus pais são bem instruídos espiritualmente. Mesmo que não possuam títulos nesta encarnação, já foram pessoas de grande intelectualidade e visão filosófica refinada. Representa também uma grande responsabilidade para esses pais, pois vem dotado de ferramentas que possibilitam enveredar por caminhos da ciência, da bruxaria e da filosofia. Seu desejo é conhecer as coisas com profundidade, embora não goste de demonstrar seus sentimentos e deteste ser investigado. Interpreta com facilidade os sentimentos alheios. Tem facilidade em aprender. Seu gosto pela leitura e interesse pelas respostas dos dilemas humanos devem ser sempre incentivados. Caso não receba boa orientação e formação intelectual, fará o caminho inverso e poderá se debruçar nas drogas, bebidas, etc. Gosta de coisas refinadas e de pessoas interessantes. Detesta a solidão, mas tem dificuldade de se relacionar. Prefere a distância e elege pouquíssimas pessoas para invadir seu espaço íntimo.

Na *impressão*, tímido, reservado e com tiradas bem sarcásticas, cria um certo desconforto nas pessoas por acharem que se trata de alguém imprevisível e que não inspira confiança. Tem um ar imponente e pode ser tachado de arrogante e desinteressado, por causa do tempo que leva para se acostumar com algo ou alguém. Seu movimento é calmo e suas coisas são organizadas e refinadas. É crítico e analítico, mas também faz autocrítica e reconhece seus erros. Como não é expansivo nem gosta de falar muito sobre si, poucas pessoas vão perceber que ele fez uma reforma íntima. Guarda segredos e, quando se sente à vontade, é alguém que sempre tem uma mensagem profunda e baseada na sua leitura sobre o comportamento humano.

Na *expressão* se manifesta como um sábio, gosta de ensinar, não aceita só o conhecimento vindo da experiência, prefere as coisas racionais e lógicas. Racionaliza tudo, inclusive a fé, mas também pode inclinar-se para as práticas mediúnicas, a bruxaria e até o sacerdócio quando em contato com eles desde tenra idade. Na fase adulta vai rechaçá-las por ter adquirido conhecimento técnico e científico, encarando-as como assunto de menor importância. Sabe pesquisar, faz análises precisas, profundas e imparciais e, se encontrar falhas e não puder consertar, vai desenvolver o próprio método e passar a informação para os outros. Misterioso, poderá desenvolver manias incomuns e se fechar em algum lugar com elas. É elegante quando quer causar boa impressão. Quando pode, apresenta-se como um desleixado ou avesso a modismos. Apesar de ir até as últimas consequências quando quer respostas, é conservador, dificilmente muda de ideia, vive em cima de axiomas por ele construídos. Gosta de agir nos bastidores, não faz alarde das conquistas e prefere o anonimato para ter liberdade de continuar fazendo suas coisas e não ter que dar satisfação. É curioso, observador e usará isso como arma para ajudar ou prejudicar quando se sentir acuado.

Destino = Veio com a missão de ajudar na evolução das pessoas. Seu estágio de vida lhe confere poder e conhecimentos suficientes para mudar o rumo da história de muitas pessoas. Deve ser protegido e a ele ensinadas noções sobre ética, filosofia e ciência. Se não for bem instruído, usará esse poder para dominar, usurpar e tirar vantagens de tudo o que puder. Sabe os meios, compreende a natureza e a condição humana, estará sempre um passo à frente de todos. Sua leitura apurada o leva a prever os acontecimentos futuros. Tem muito poder mediúnico; poderá ser um profundo conhecedor e praticante do esoterismo, mas terá igualmente a mesma possibilidade de ser um cientista e um pensador materialista. Se souber meditar, terá uma comunicação fluente com seus guias espirituais. Será pai ou mãe erudito, paciente e incentivador da leitura e do autoconhecimento. Apesar de ter tido uma queda por drogas, bebidas e psicodelismo na adolescência, não perdoará deslizes morais e falta de cultura em seus filhos. Rotineiro e britânico, não no horário, mas na manutenção da rotina, demorará para alterar qualquer hábito na vida e só o trocará por perda ou impedimento financeiro.

No lado profissional é inteligente, tem sempre uma resposta para uma pergunta. Embora seja um ótimo consultor, vai preferir um emprego tradicional, e quando for mais velho, poderá optar por ser dono do próprio negócio. Prefere ficar na retaguarda a ocupar cargos de chefia, mas quando os aceita, ensina mais do que comanda, já que é um professor nato. Prefere trabalhar sem interferências; é perfeccionista, tem o dom da concentração, mantém a calma mesmo sob forte pressão, analisa tudo e todos, e dificilmente deixa escapar detalhes.

Ano Pessoal = O ano 7 é o ano da reforma íntima, espiritual e intelectual. Não pode ser considerado um ano tranquilo, mas certamente o será para aqueles que querem evoluir no mais profícuo dele. O ano traz muitas provas e envolvimento com as coisas invisíveis, sonhos proféticos e com alto poder simbólico, que ajudarão a decifrar os enigmas do dia a dia. Aumenta a intuição e a inspiração porque amplia a capacidade mediúnica, facilitando assim uma influência maior dos guias espirituais. Por outro lado, aquele que é menos desenvolvido espiritualmente sofrerá os ataques de energias negativas, será levado a cometer erros, ficará extremamente inseguro e poderá desenvolver vários tipos de fobia. É comum nesse período as pessoas procurarem ajuda, que vai desde uma cartomante até trabalhos de limpeza em terreiros de candomblé, mesmo para aqueles que nunca tiveram sequer curiosidade de conhecer qualquer uma dessas práticas alternativas.

Por aumentar a capacidade de concentração e dar mais profundidade aos questionamentos, esse será um ano positivo para pesquisas, defesas de teses ou simplesmente voltar a estudar. Tudo será absorvido com muito mais facilidade. Esse aumento considerável na percepção e na leitura do mundo vai também causar certo desconforto, porque traz consigo uma forte tendência a desconfiar demasiadamente das pessoas a sua volta. O ano também não é de ganhos financeiros. Todo movimento materialista e de obtenção de lucro será travado. Para ter sucesso e diminuir o impacto negativo sobre o dinheiro, nesse ano devem-se priorizar o aprendizado e a descoberta de novas estratégias para o trabalho. Será importante também o trabalho nos bastidores e manter segredo dos negócios, para só anunciar depois que tiverem sido oficializados; caso contrário, serão desfeitos. O 7 traz traição e inveja de inimigos e "amigos", mudanças nos relacionamentos de amizade e amor, triângulos amorosos e perdas de laços importantes. O ano exige também meditação, aprofundamento nos assuntos internos, locais que proporcionem descanso, tranquilidade e possibilidade de ganhos intelectual e espiritual. Não tente forçar as coisas. Tudo dependerá de uma análise criteriosa e de bom senso; quanto mais refinadas e profundas forem as abstrações, melhores serão os resultados e maior o sucesso.

Mês Pessoal = O mês 7 traz um momento de provas, forças psíquicas e descobertas de segredos. Tudo será desmascarado e escancarado, desde que se esteja atento e se mantenha distância de fatos e pessoas. Deve-se observar de longe, evitar o confronto e o ímpeto de se intrometer nas coisas alheias. O mês pede segredo e discrição nas atividades de trabalho e no âmbito pessoal.

"Reserva" será a palavra-chave do mês. O momento é ótimo para iniciar cursos, pesquisas e levantar dados sobre qualquer assunto. O mês traz domínio e serenidade suficientes para desenvolver qualquer movimento de estudo. Para alguns, será o momento da autocrítica; para outros, essa crítica simbolizará depressão e análise autopiedosa da vida. O movimento deve ser o de esperar e aguardar. Não faça um movimento agressivo nem force as coisas; tudo virá de acordo com seu merecimento e escolhas feitas no passado. Nada do que for feito agora irá mudar o processo que foi iniciado. O que é possível ser feito hoje é diminuir o impacto das notícias negativas e se preparar para não cometer os mesmos erros no futuro. Tudo deve ser analisado e ponderado calmamente. Apesar da insegurança e da desconfiança das pessoas e da sua capacidade de resolver problemas, mantenha o controle e não precipite as ações. Sempre haverá uma alternativa e não será a última chance. Durante todo o mês, deve-se praticar também a técnica de profetização usada na iniciação dos sacerdotes egípcios por intermédio dos sonhos. Antes de deitar, deixar sobre a cabeceira da cama uma lista de pessoas com quem precisa conversar ou tem algum problema para resolver e fazer também uma lista de assuntos sobre os quais tem dúvidas sobre sua viabilidade e sucesso. Ao acordar pela manhã, anote os sonhos e tente usá-los como orientação na sua vida prática. Além de se conhecer melhor, evitará gastar dinheiro com consultas esotéricas.

Dia Pessoal = O dia começa com sonhos importantes e proféticos. No mês 7, principalmente, use as técnicas de profetização por meio dos sonhos. Antes de sair de casa, medite. Isso fará com que se abra um canal de comunicação com seus guias espirituais. Lembre-se de que esse circuito só se manterá aberto se sua frequência se mantiver constante. Use a máxima "orar e vigiar". Lembre-se também de que nem toda ajuda espiritual fará com que se tenha sucesso se não houver antes análise, ponderação e força de vontade. Guarde segredo ao máximo sobre suas coisas e só comente algo com quem está envolvido diretamente no processo. Mesmo assim, só o estritamente necessário. Evite discussões, pois o 7 deixa as pessoas sarcásticas e excessivamente críticas. Qualquer palavra mal colocada poderá ocasionar rachas com pessoas queridas de forma desnecessária.

NÚMERO 8
Representação Gráfica: ⁞
Conceito Filosófico: A evolução superior, a superação
Carga: Positiva – Par
Ente: Feminino
Letras: H, Q e Z

Saúde = Rege os hormônios e o oitavo orifício (a gravidez). Suas doenças estão relacionadas com os aparelhos sexuais feminino e masculino, aumento de peso, infecções após cirurgias, problemas decorrentes do aumento ou diminuição da taxa de hormônios.

Numerologia = Simboliza o mundo "coisificado", o materialismo, o valor do dinheiro, a moeda, os negócios mundanos, o conhecimento de causa, a gestão, a superação dos limites, o domínio sobre a matéria, o topo financeiro.

Ente Humano = Sua presença simboliza a iniciativa empreendedora, o talento para liderar, o respeito ético, o democrático, o entusiasmo, a coerência, a objetividade, a realização, o poder de decisão, a fertilidade.
Sua ausência simboliza o materialismo, a anulação, a ganância, os problemas no aparelho sexual, a impaciência, a vingança, o interesse, o mau uso do poder, o desagregador, a visão curta.

Seu excesso simboliza a sede pelo poder, o sucesso material, os filhos, a capacidade crítica e desinteressada, o grande gestor, o fanfarrão, o convencido.

Comportamento = Na *idealidade* é controlado, equilibrado e tem uma visão ampla. Quer saber como as coisas funcionam para poder recriá-las e obter poder. Sua família espiritual vem da falange materna e tem um grau de evolução espiritual e intelectual acima dos demais membros da família. Seu nascimento pode tanto simbolizar um momento financeiro estável como dificuldades financeiras; o 8 deitado simboliza o infinito, com poder de ser infinitamente positivo e inversamente negativo. Essas características podem também ser nulas, já que as forças são proporcionais. Mesmo evoluído, sentirá a tentação de consumir e buscar coisas que simbolizem o poder do homem sobre a natureza. Já passou por vários estágios e não quer perder tempo para chegar aos seus objetivos. Se não for bem instruído, poderá ser alguém que ignora os procedimentos ecológicos e faz qualquer coisa para alcançar suas metas. Tem poder de controlar o amor e qualquer outro sentimento; age com sensatez, mas quer sempre algo em troca. Apesar disso, tem capacidade de fazer com que as coisas ganhem sentido e transformar tudo em algo produtivo e útil.

Na *impressão*, tem postura altiva, sociável e que inspira segurança. Seu discurso elaborado e politicamente correto sempre vai causar boa impressão. Gosta de mostrar segurança e domínio sobre o assunto de que fala. Pode não ser um especialista e ter pouca informação, mas mesmo assim terá um discurso acima do senso comum sobre qualquer assunto. Tem facilidade para comandar e liderar pessoas de diferentes níveis, tanto intelectual como social. Sabe estabelecer bem as diferenças e as respeita; costuma ser generoso, mas, como quer resultados, aquilo que não conseguir obter pelo outro fará sozinho ou substituirá, sem piedade, depois de longo e exaustivo discurso para justificar a sua decisão. Respeita a hierarquia, mas quer ter liberdade para opinar; em virtude de seu movimento de expansão, será melhor procurar ter seu próprio negócio.

Na *expressão* se coloca como executivo. Tem faro para os negócios e é um empreendedor nato. Gosta do mundo material e quer tirar o máximo de proveito das coisas que o dinheiro pode dar. É interessado por tudo aquilo que pode trazer sucesso e destaque, não desperdiça tempo com coisas improdutivas, quer resultados rápidos e só espera se for levar muita vantagem. Isso para qualquer coisa que faça na vida. Administra bem as crises e, se for evoluído, terá bom entendimento filosófico e religioso que o ajudará a ser útil em qualquer situação que necessite de uma boa orientação. Vai sempre direto ao ponto e às vezes é mal interpretado porque é muito objetivo e não fica emocionado com qualquer coisa, pois acha desperdício ser sentimental. Energético, entusiasta e ambicioso, sempre que houver competição estará disposto a participar e, dependendo da projeção e do prêmio, fará tudo para ganhar. Apesar disso tudo, quando estabilizado, faz doações e se preocupa com a miséria social.

Destino = Veio com a missão de melhorar a situação social e econômica dos membros da família, a sua própria, com vista a preparar o terreno para os herdeiros, e a da sociedade em que vive. Se não alcançar essas coisas pelo próprio esforço e para si, será preponderante na formação dos filhos e na educação de pessoas. O 8 identifica um espírito que já tem um bom grau evolutivo, mas isso não garante uma passagem tranquila. Será sempre tentado a trabalhar para as forças negativas. Se a instrução não for adequada, será uma pessoa que despreza a natureza, a ética, e será ávido por dinheiro, fazendo esquemas para enriquecer rapidamente. Gosta da organização e é

corpo físico denso

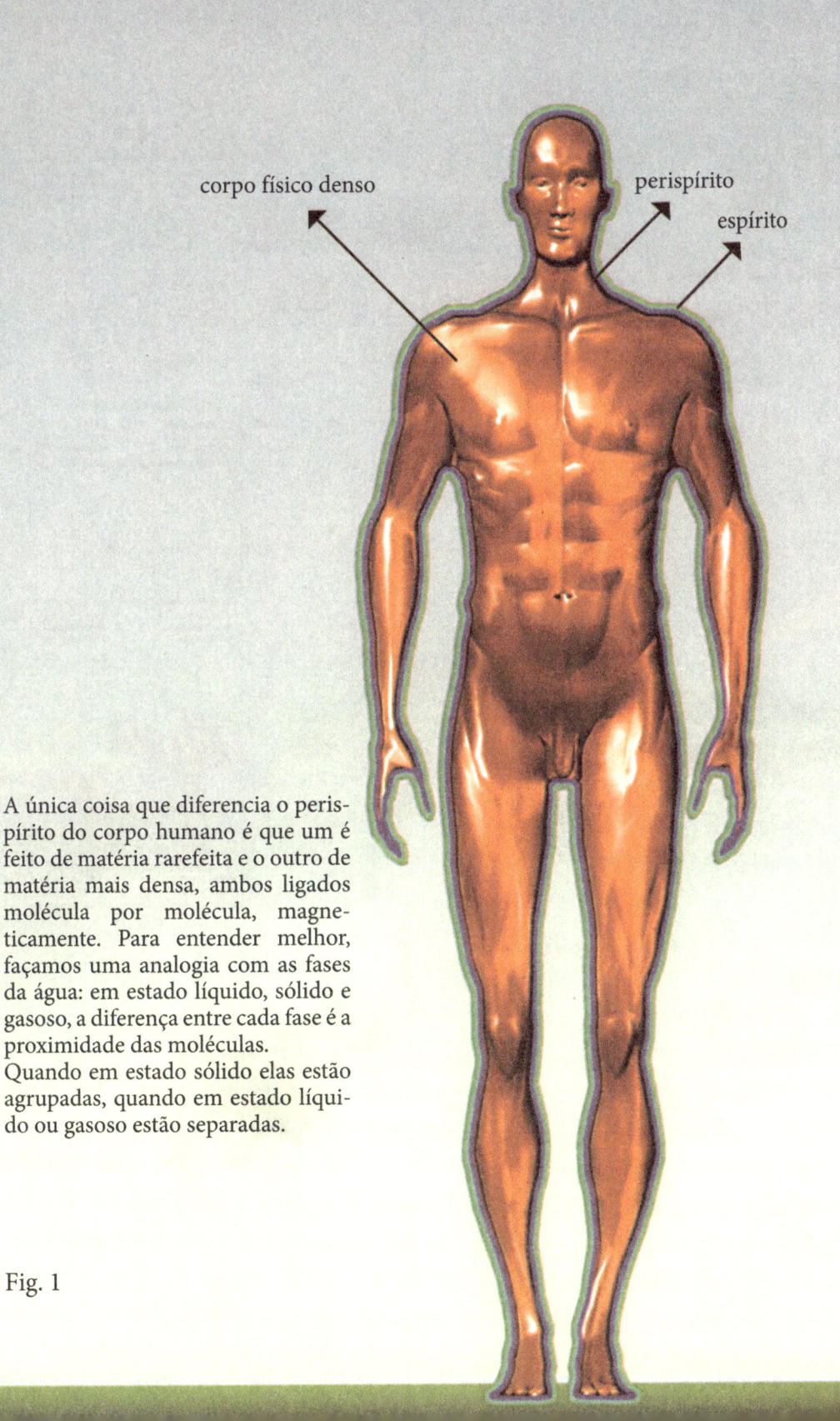

perispírito

espírito

A única coisa que diferencia o perispírito do corpo humano é que um é feito de matéria rarefeita e o outro de matéria mais densa, ambos ligados molécula por molécula, magneticamente. Para entender melhor, façamos uma analogia com as fases da água: em estado líquido, sólido e gasoso, a diferença entre cada fase é a proximidade das moléculas.
Quando em estado sólido elas estão agrupadas, quando em estado líquido ou gasoso estão separadas.

Fig. 1

Figura 2

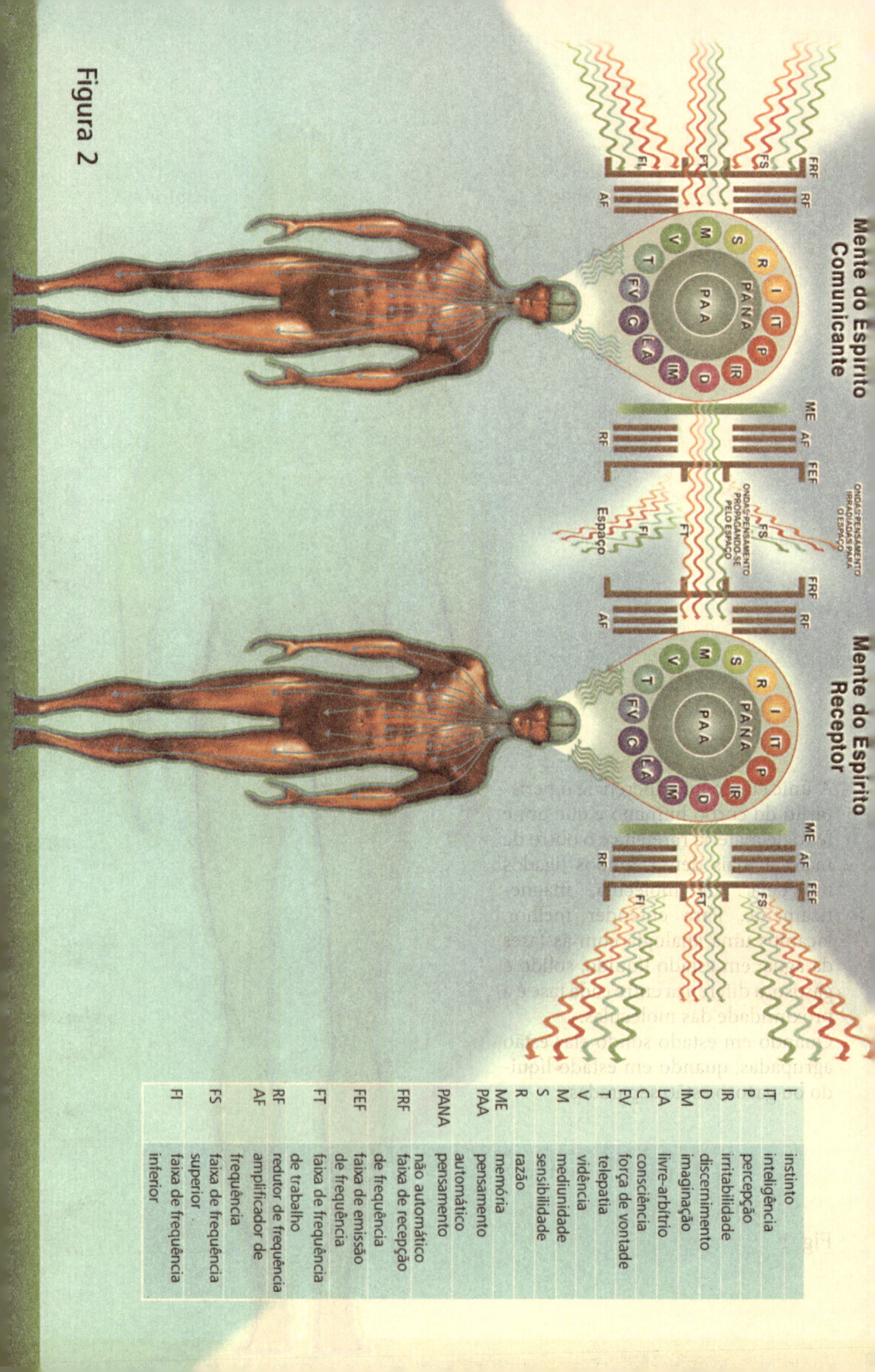

Mente do Espírito Comunicante

Mente do Espírito Receptor

ONDAS/PENSAMENTO IRRADIADAS PARA O ESPAÇO

ONDAS/PENSAMENTO PROPAGANDO-SE PELO ESPAÇO

I	instinto
IT	inteligência
P	percepção
IR	irritabilidade
D	discernimento
IM	imaginação
LA	livre-arbítrio
C	consciência
FV	força de vontade
T	telepatia
V	vidência
M	mediunidade
S	sensibilidade
R	razão
PAA	pensamento automático
PANA	pensamento não automático
ME	memória
FRF	faixa de recepção de frequência
FEF	faixa de emissão de frequência
FT	faixa de frequência de trabalho
RF	redutor de frequência
AF	amplificador de frequência
FS	faixa de frequência superior
FI	faixa de frequência inferior

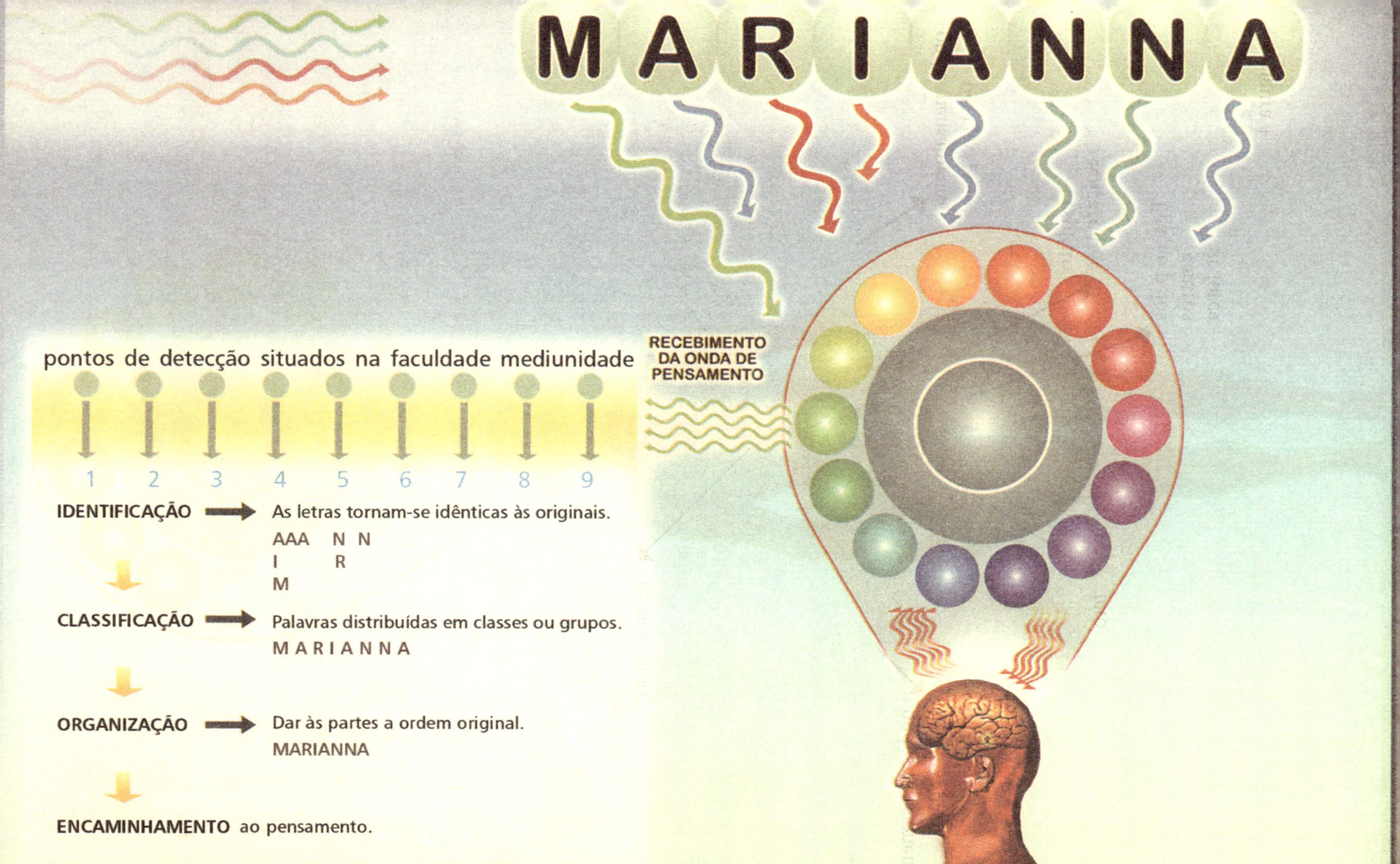

pontos de detecção situados na faculdade mediunidade

1 2 3 4 5 6 7 8 9

IDENTIFICAÇÃO → As letras tornam-se idênticas às originais.

CLASSIFICAÇÃO → AAA N N
I R
M

ORGANIZAÇÃO → Palavras distribuídas em classes ou grupos.
M A R I A N N A

→ Dar às partes a ordem original.
MARIANNA

ENCAMINHAMENTO ao pensamento.

RECEBIMENTO DA ONDA DE PENSAMENTO

MARIANNA

Figura 3

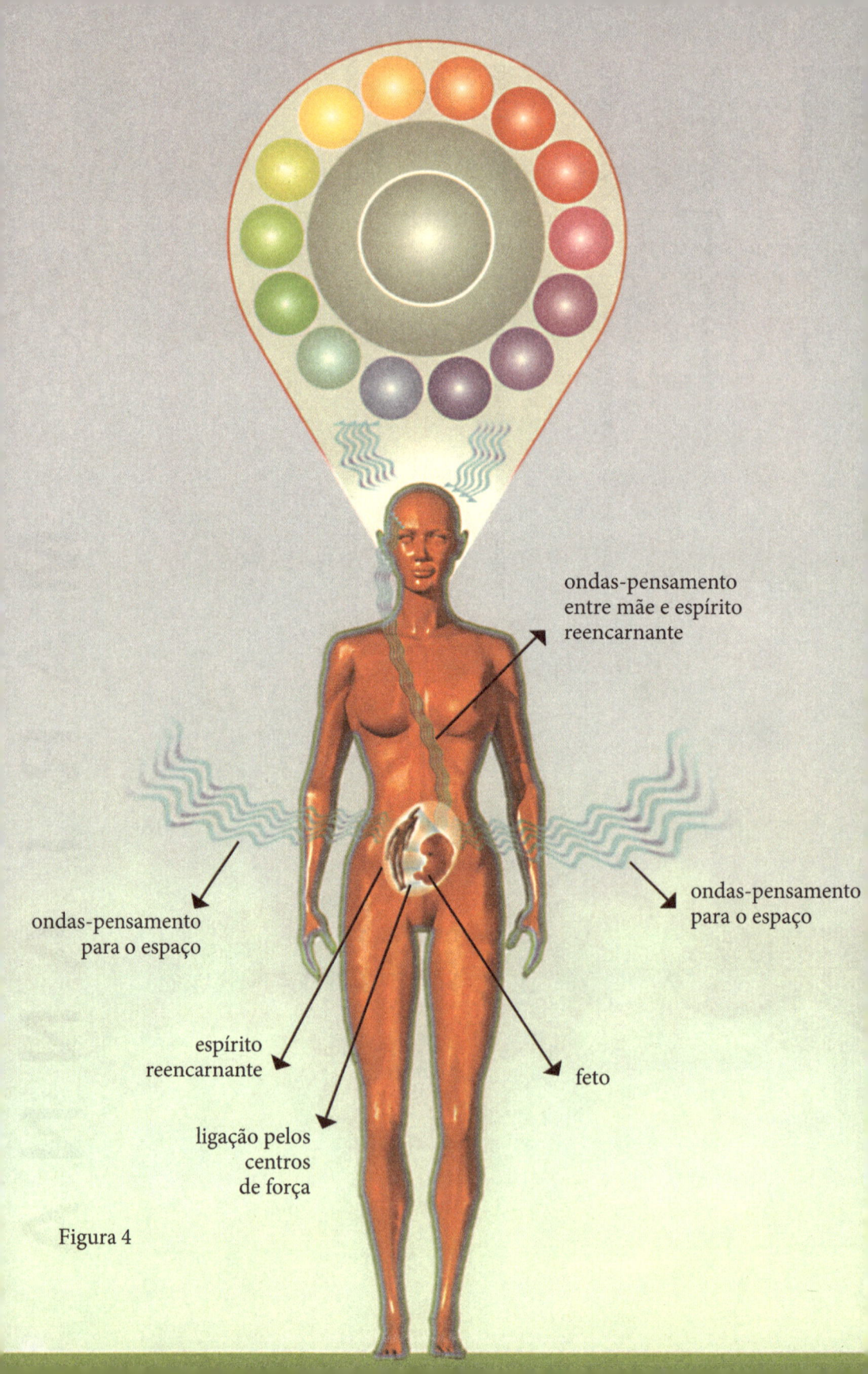

ondas-pensamento entre mãe e espírito reencarnante

ondas-pensamento para o espaço

ondas-pensamento para o espaço

espírito reencarnante

feto

ligação pelos centros de força

Figura 4

atento a tudo que represente as coisas materiais, mas durante o transcorrer da sua vida terrena muitas vezes irá pecar pela impaciência, o convencimento e o mau uso de sua autoridade. Essa insensatez fará com que perca grandes somas em dinheiro e fique à beira da falência. Sempre encontrará espaço e oportunidade para crescer novamente, mais pelo desejo de poder do que pela experiência acumulada. O 8 reserva também uma missão importante relacionada com os filhos: ele rege o oitavo orifício (a gravidez) e terá como tarefa receber espíritos que precisem de uma forte orientação prática e retaguarda material para desenvolver seus dons espirituais. Poderá haver separações e distanciamento físico deles, decorrentes de um relacionamento movido pelo interesse material. Suas maiores virtudes estão na coragem, na disciplina e no entusiasmo com que se lança para a vida. Aprenderá tudo que for possível para que possa evoluir material e intelectualmente. Seu objetivo sempre será o topo; trabalha com vista a tornar realidade tudo com que sonha, e não aceita ser superado por pessoas que não tenham a mesma capacidade e preparação. O dinheiro é importante, mas só sentirá satisfação se equilibrar dinheiro com atividades espirituais e comunitárias.

No lado profissional, veio para administrar. Se não for seu próprio chefe, alcançará altos postos dentro de uma empresa. Sabe transformar uma ideia em algo lucrativo e viável. Faz sua autopromoção e sabe explorar bem os títulos e troféus que conquista durante a vida. Quer excelência máxima no que faz e exige isso dos que estão a sua volta. Faz questão também de deixar claro quem manda. Não sabe ouvir, julga-se autossuficiente. Quando muito, ouve quem acha ser muito superior ou que esteja dentro de seu modelo de perfeição.

Ano Pessoal = O ano 8 é o ano da organização, do controle financeiro e da iniciativa empreendedora. Embora seja um período favorável aos negócios e para aumentar os ganhos financeiros, deve-se completar primeiro as lições do ano 7. O ano pede para pôr em prática tudo o que se estudou, pesquisou e aprendeu no ano anterior. Não é hora de refazer coisas, e sim de ter domínio total do que se quer e do que se pode fazer. Para obter sucesso será preciso ter coragem, confiança e ambição. Sem esses ingredientes o ano será negativo e improdutivo. É preciso usar também tudo o que aprendeu nos últimos anos e pôr toda essa experiência a serviço do presente. É o ano da fertilidade e da energia emanada do aparelho sexual, trazendo a possibilidade de gerar filhos, mas também de doenças relacionadas ao órgão sexual. Sendo uma força feminina, atuará de forma mais intensa nas mulheres e dará aos homens elemento característico da entidade feminina. Essa variação poderá ser percebida nas alterações constantes dos hormônios (testosterona e estrógeno), já que o 8 rege os hormônios. Antes de sair a caçar para obter melhores resultados financeiros e administrativos, é preciso primeiro sanear as contas que estão vazando. Lembre-se de que o 8 deitado representa o infinito. Se não se usar a máxima possessividade do número, seu resultado pode ser nulo e, dependendo de como se comportou nas lições do ano anterior, este ano poderá ter saldo negativo. Tudo neste ano dependerá da forma como administra. Amor, família, trabalho e amizades devem passar por esse crivo. Para equilibrá-los, estabeleça objetivos e metas de acordo com a ordem de prioridade que eles tenham na sua vida.

Mês Pessoal = O mês 8 é o mês da execução. Se no 4 a palavra-chave era "ordem", no 8 é o momento da organização e da gestão da ordem estabelecida, ou seja, a sua aplicação avalizada. É hora de colocar em prática tudo que se aprendeu e mexer nas peças que impedem a chegada ao topo ou aos objetivos mais importantes da vida cotidiana. O mês pede ação com conhecimento de causa, não há espaço para "achismos" ou senso comum. Se não consegue desenvolver com competência ou ainda não aprendeu, chame quem possa fazer por você. Sob qualquer ano pessoal, o mês 8 é positivo, apenas com uma pequena ressalva ao ano 7, que pede mais paciência e humildade tanto no tratamento com as pessoas como no trabalho a executar. Não perca tempo com assuntos menores nem fique dando guarida para desavenças pessoais. Seja prático e objetivo, vise a resultados e prefira substituir a remendar. Se sentir nervosismo incomum nesse período, faça um *check-up*, verifique se há alterações nas taxas de hormônios e não desconsidere dores na região do aparelho genital. Tente usar bem sua autoridade e não desperdice energia com fanfarrices. Ao sinal de dificuldades, analise e só insista se os números da planilha forem favoráveis. Caso contrário, pare, pois nesse período os prejuízos também são grandes.

Dia Pessoal = O dia 8 costuma ser um dia bastante positivo, mas está ligado diretamente às tarefas cumpridas no dia anterior. Ele traz coragem, iniciativa e bom faro para assuntos cotidianos e financeiros. Coloca as coisas em seus devidos lugares e faz com que os movimentos executivos e práticos sejam premiados com bons resultados. Pode-se forçar as coisas, exigir das pessoas compromisso e competência, mas não se deve ser injusto. Procure reconhecer os méritos daqueles que ajudam independentemente do tamanho da função. Todas as decisões ou reuniões importantes que tenham como objetivo finanças e grandes negócios devem ser agendadas para esse dia. O 8 traz confiança e atenção às coisas materiais, mas também pode ser de grande ajuda na resolução de problemas cotidianos e familiares. O dia deve ser planejado e gerido ao máximo para obter bons resultados. É o dia das grandes cartadas e pensar nele somente no próprio dia fará com que se desperdice energia de forma desnecessária e se tenha prejuízo.

NÚMERO 9
Representação Gráfica: ⁝⁝
Conceito Filosófico: Integração universal
Carga: Negativa – Ímpar
Ente: Masculino
Letras: I e R

Saúde = Rege todos os órgãos do corpo e faz a integração com o espírito. Seus problemas estão relacionados com doenças raras, moléstias trazidas de encarnações passadas e pânico.

Numerologia = Simboliza o cosmos, a intuição, a humanidade, o espírito, o último estágio, o conhecimento pleno e superior, a finalidade, o amor cósmico, a sincronicidade.

Ente Humano = Sua presença simboliza a preocupação com o próximo, as aptidões inatas, a moral elevada, a espiritualidade, a percepção apurada, a generosidade, o paternalismo.
Sua ausência simboliza falta de habilidade, egoísmo, autodestruição, melancolia, falta de amor-próprio, falta de discernimento, imoralidade, mau humor, falta de assepsia.
Seu excesso simboliza intromissão em assuntos alheios, extravagância, solidariedade, temperamental, autopiedade, catalisador e receptor de energia, psicografia, manifestação de memórias passadas.

Comportamento = Na *idealidade* é espiritualista, humanitário e preocupado com as necessidades alheias. Sua família espiritual vem da falange paterna. Seu nascimento simboliza a superação contra a rejeição e o desamor. Vem de um acordo espiritual e tenta resgatar um conflito pesado com os pais ou com a família. Sua vida íntima é uma incógnita. Tanto pode ser um espírito velho e sábio, conduzindo a vida de forma evoluída, como pode ser um espírito igualmente velho, mas primitivo, vivendo de forma instintiva. Pender para um lado ou outro dependerá da maneira como digeriu ou assimilou a luta do seu nascimento. Há também a possibilidade de uma ruptura inesperada dos laços familiares que pode desencadear tais processos. Dentro da normalidade, é emotivo e determinado a fazer o bem aos outros. Esquece muitas vezes de si e é capaz de abrir mão de suas coisas para oferecer a quem precisa. Tem consciência cósmica e ecológica e faz tudo isso com naturalidade, sem necessitar de informação nem de formação. É um cidadão exemplar. Sua percepção é apurada e pode incliná-lo para as artes, sempre buscando dividir o que aprende com os outros, lutando pelo direito de acesso. Gosta de seduzir e leva a sério a doação, podendo se anular completamente por alguém.

Na *impressão* parece estar sempre pronto para ajudar. Adora dar conselhos e exagera na dose, invadindo constantemente o território alheio. Pacífico, mas passional, age com paternalismo e tenta proteger a qualquer custo aqueles que ama. Inspira confiança, mas comete sempre indiscrições. Não faz por mal, apenas tenta enaltecer os pontos positivos das pessoas e não escolhe hora nem lugar para fazê-lo. Demonstra sempre ambição, porque gosta de fazer parte de coisas grandes e importantes, mas seu movimento é de compartilhar tudo que for possível com os outros. Nunca quer ganhar sozinho e divide as glórias. Carismático, vive cercado pelas pessoas e está sempre aberto para o diálogo. Reage mal às críticas daqueles que ama, não porque ache que seja injusto, mas sim porque acha que fez pouco pelo outro e, ao invés de melhorar, sufoca mais.

Na *expressão* é um profundo conhecedor da vida e do trabalho que faz. Pode ser uma espécie de guru. Usa o discurso de maneira persuasiva, consegue cativar um número grande de pessoas. Aficionado pela contracultura, pode enveredar por caminhos mais obscuros e fazer apologia dessas escolhas, incentivando as pessoas. Humanitário e engajado nas lutas sociais, poderá trabalhar como voluntário em instituições ou simplesmente fazer doações por conta própria. Sempre tem uma palavra de consolo e enfrenta as crises com equilíbrio e resignação. Trata as pessoas com compaixão e respeito, e mesmo quando agredido, é capaz de dar a outra face. Em compensação, se o ato for para outro, será um defensor contumaz e feroz. É amigo e trabalha em grupo. Compara a riqueza com o prazer de ter e fazer amigos. Tem boa memória; não esquece gentilezas. É capaz de reconhecer até atos simples e singelos feitos no passado, ainda na infância. Perdoa com facilidade, mas cobra evolução para que outros não sejam atingidos. Sua visão global e expansiva vai ajudá-lo a crescer, mas poderá assumir riscos maiores do que sua capacidade de geri-los.

Destino = Veio com a missão de acertar os problemas cármicos da família e os seus próprios, devolvendo aquilo que foi usurpado em encarnações passadas. Sua missão é pesada e vai sofrer constantemente sabotagens, pilhagens e traições de todos os lados. Essses ataques serão movidos por vingança e inveja. Essas pessoas não só vão querer o que construiu, como também destruir seu legado. Esta vida é uma chance de redenção. Alcançará grandes postos e fará projetos para beneficiar muitas pessoas, mas ficará sempre à beira da falência ou do desastre total. Será dada a ele toda a oportunidade de crescer materialmente, não para que possa desfrutar, mas com o intuito de ajudar e quitar dívidas para com outros espíritos e, em alguns casos, com uma plêiade inteira de espíritos. A ira e a inveja que lhe são lançadas constantemente poderão ser anuladas se boa parte do que ganhar for usada em prol de pessoas necessitadas. Mas, queira ou não, seu patrimônio um dia será diluído com esta finalidade. Sendo um espírito velho e de muitas outras encarnações, será sempre requisitado para dar conselhos e não será surpresa vê-lo em tenra idade fazer isso. Suas dores nas costas e o sentimento de peso e responsabilidade sempre terão como causa não só a vida cotidiana, mas também o fardo de carregar sobre si o resgate de toda a família espiritual.

No lado profissional, acredita na igualdade e no direito de oportunidades e vai sempre se conduzir de forma a não prejudicar ninguém. Enxerga longe, e por isso sempre vai apostar nas coisas antes dos outros. Corre grandes riscos, mas tem a tendência de acertar e fazer sucesso onde a maioria falha ou fracassa. Perfeccionista e exigente consigo mesmo, sabe ouvir as reclamações de clientes e colegas de trabalho. Faz tudo para melhorar. É um defensor de melhores condições de trabalho e do atendimento e melhoria de produtos destinados às pessoas.

Ano Pessoal = O ano 9 é o ano da conclusão e do fechamento. Nesse ano, tudo que ficou em aberto ou sem solução nos últimos 9 anos ressurge como um fantasma atormentador. Paixões, amizades, trabalho, assuntos familiares, mudanças e planos incompletos vão de uma forma ou de outra ser lembrados nesse período. Alguns pela ação direta das pessoas envolvidas e outros pelas próprias lembranças do freguês. Tudo vai ser encarado como o último assalto de uma luta. O 9 representa o último estágio da jornada numerológica. Todos os níveis já foram superados, é hora de testar o que aprendeu, observar as lições que não foram devidamente cumpridas ou assimiladas, que tipo de indivíduo se criou durante esses últimos anos e qual vai continuar a jornada. Por isso, o 9 traz a sensação constante de se estar vivendo um grande teste. Todos a sua volta ou querem alguma coisa ou provocar uma reação. Não há como não responder às provocações. Tudo faz parte de um grande teste e, mesmo sem a consciência disso, instintivamente vai se conduzir a vida neste ano como se fosse a última chance. Objetos e lugares que liguem ao passado devem ser substituídos, doados, vendidos ou renovados, na medida do possível. A energia do velho não deve seguir em frente. O que tiver utilidade deve permanecer e ser feita uma nova aliança; o que não servir mais deve sair de cena. Isso vale também para os relacionamentos em todos os níveis. Para aqueles que fazem bem e simbolizam a paz interior, um novo pacto; aqueles que não se resolvem ou causam mal-estar devem ser extirpados da convivência de uma vez por todas. Se isso não for feito no ano 9, se manterá pelo menos por mais 9 anos, e será preciso muita força de vontade para que se possa resolver antes do término desse período, não sem muita luta, dor e suor. Portanto, perdoe e se livre de uma vez por todas do tema ou das pessoas. O 9 traz assuntos e projetos importantes que vão dar visibilidade e *status*. Deve-se apenas tomar cuidado com a assinatura de contratos e documentos de qualquer espécie o ano inteiro. Pense grande. Nesse ano, serão premiadas todas as grandes atitudes e os negócios de grande alcance e risco. Não tenha medo, apenas pense no coletivo e não só no umbigo e terá sucesso em qualquer empreitada. O ano 9 conduzido sem medo ou apego ao velho abrirá um novo caminho e garantirá o sucesso do ano seguinte, que será o 1.

Mês Pessoal = O mês 9 é o mês da conclusão. Assuntos antigos que ficaram em aberto devem ser concluídos e revisados de maneira minuciosa. Não assine nem tome decisões antes de ter todas as informações de forma clara e global. Há muitos detalhes para acertar definitivamente as coisas. Mesmo assim, não perca a visão do todo e suas implicações. O mês correrá de forma lenta e truncada e, em compensação, as decisões serão avassaladoras e repercutirão por alguns meses. Portanto, pense bem antes de agir. Será um mês de testes, no trabalho e na família. Deixe as coisas claras e não esconda o que é desnecessário e sem importância. Isso vai transformar algo inofensivo e despretensioso em um grande monstro, principalmente no trabalho, onde estão observando todos os seus passos. Seja cauteloso e siga todos os procedimentos. Pode haver ascensão, mas também queda causada mais por má impressão do que por incompetência. Troque as coisas que incomodam por paz e tranquilidade, não tenha medo de substituí-las; tudo que causar aborrecimento neste período significa que já chegou ao máximo da saturação. Não há mais o que remendar.

Dia Pessoal = O dia 9 é truncado e cansativo, traz assuntos não resolvidos e término de prazos para tudo. Tente enxergar o lado bom das coisas e não encare os obstáculos como fracasso ou desleixo. Aumente sua força e faça o máximo para ultrapassá-los. Prepare-se antecipadamente para esse dia deixando no dia anterior tudo que vai precisar à disposição, e comece o dia atacando aquilo que certamente será problema. Sua energia deve ser canalizada para terminar as coisas. Não perca tempo com assuntos pequenos e de ordem pessoal, priorize o que é importante não só para você mas também para os que estão a sua volta. O dia 9 também traz coisas importantes e decisivas. Para encontrar a melhor saída, veja o que o ano e o mês estão lhe pedindo.

Análise da Matriz do Nome

A matriz numerológica indica de forma geral os números que compõem a idealidade, a impressão e a expressão de cada espírito. Nela identificamos a presença, a ausência e o excesso de cada número na composição do nome ou expressão na sua totalidade. A matriz nos dá um panorama das chamadas lições cármicas, ou seja, aquilo que precisa ser melhorado nesta encarnação ou o que ainda não foi aprendido nas encarnações passadas. Ela é uma informação crucial para a montagem do plano de trabalho atual e o desenvolvimento das faculdades de cada espírito, facilitando ou prejudicando o sucesso da missão terrena, já que pode neutralizar a potencialidade da idealidade, da impressão e da expressão. A matriz é formada pela coluna do estômago, composta pelos números 1, 4 e 7, que simboliza a resistência para a vida; a coluna do coração, composta pelos números 2, 5 e 8, que simboliza as relações amorosas e de amizade; e finalmente a coluna da cabeça, composta pelos números 3, 6 e 9, que simboliza todas as atividades relacionadas com o intelecto ou a mente do espírito. Na outra base, as linhas da atividade, do pensamento e da eficiência.

Cada casa simboliza também um arquivo de memória, que vai ditar o comportamento de cada espírito no transcorrer da vida terrena, bem como as habilidades que podem ser utilizadas.

Para completar a análise da matriz, deve-se usar, além das explicações a seguir, os dados contidos no capítulo 6, no item Ente Humano. Em linhas gerais, as análises decorrentes da matriz são simples. Imagine que ela indica como o espírito pensa sobre a vida, o amor e o conhecimento, como ativa ou materializa essas coisas e com que eficiência executa cada uma delas.

	ESTÔMAGO	CORAÇÃO	CABEÇA
PENSAMENTO	1	2	3
ATIVIDADE	4	5	6
EFICIÊNCIA	7	8	9

Casa 1 Estômago/Pensamento

Simbolizada pelo número 1, é a casa da ação. Mostra a maneira de agir no mundo, o que se pensa da vida e como se encara o fato de estar na Terra. Esta casa indica um espírito que tem facilidade de comunicação com o mundo externo, que vai em busca de seus ideais e procurará ocupar seu espaço individual, pois já vivenciou situações de luta e afirmação de sua individualidade em encarnações passadas. Seu excesso indica uma vida de muitos obstáculos e também a possibilidade de utilizar boa parte do que foi aprendido em encarnações anteriores. O excesso indica também um indivíduo obcecado, tentando reviver de maneira rápida e intensa o que viveu em estágios passados. Sua ausência mostra que não aprendeu a ter iniciativa e independência, tanto intelectual como afetiva. Veio para adquirir conteúdo e ter uma nova visão da vida e vai constantemente precisar de um escudo ou uma muleta para conduzir a vida. Sua marca registrada será a falta de iniciativa e de controle da própria vida.

Casa 2 Coração/Pensamento

Simbolizada pelo número 2, é a casa do amor. Mostra a maneira de pensar sobre as coisas do amor e de agir nas relações afetivas e de amizades. Esta casa indica um espírito que tem facilidade de amar, ou seja, que consegue fazer a troca em qualquer relação, podendo ser de forma incondicional ou desprovida de apego, pois já vivenciou o amor pleno e experimentou o prazer de ser correspondido. Seu excesso indica uma forte disposição para o amor e o romantismo, que impedirá uma visão imparcial de mundo e trará uma forte tendência para sufocar as pessoas que ama. Sua ausência indica que não aprendeu a se doar, ou seja, fazer a troca com as pessoas e amar de forma plena. Veio para aprender a cooperar, trabalhar em grupo e para o grupo, e o significado do amor. Suas marcas registradas serão a impaciência, a precipitação e a tendência de ser o centro das atenções.

Casa 3 Cabeça/Pensamento

Simbolizada pelo número 3, é a casa da intelectualidade. Mostra a maneira de pensar sobre as coisas do intelecto e nossas habilidades mentais e criativas. Esta casa indica um espírito que tem facilidade de expressar sentimentos e desejos tanto no discurso, exemplificado na forma de ação intelectual, como nos gestos, exemplificados na forma de manifestação artística. Em encarnações passadas, estagiou e teve acesso a um conhecimento cultural e intelectual mais avançado. Seu excesso indica inúmeras habilidades intelectuais e muita criatividade, mas pouca relação com a realidade concreta, com tendência a fantasiar e a sonhar acordado. Sua ausência indica falta de criatividade, tanto no campo intelectual como no artístico, comunicação deficitária e tendência a desperdiçar muita energia e o pouco talento que resta. Veio para adquirir e dar valor aos conhecimentos mais elevados e restabelecer a autoconfiança. Suas marcas registradas serão a cópia, o modismo e o desejo de ficar à margem.

Casa 4 Estômago/Atividade

Simbolizada pelo número 4, é a casa do trabalho. Indica de que forma se materializa aquilo que se pensa sobre a vida, o coração e a cabeça. Mostra um espírito que consegue dar forma àquilo que pensa e já adquiriu certo conhecimento da matéria e das atividades básicas do cotidiano. Seu excesso indica disposição para absorver várias atividades e grande poder de realização, mas pode levar à superficialidade pela dificuldade de se concentrar adequadamente em cada tarefa. Sua ausência mostra falta de concentração e de realização, preguiça e bagunça. Veio para adquirir senso de obrigação e de ordem, para construir uma individualidade sólida e moralmente mais elevada. Suas marcas são o desleixo, o desinteresse e a confusão.

Casa 5 Coração/Atividade

Simbolizada pelo número 5, é a casa da sexualidade. Indica de que forma o espírito se relaciona com o outro no aspecto sexual e de magnetismo. Mostra um espírito que adquiriu o domínio sobre o corpo e está pronto para se relacionar com o mundo, usando seu sentido e discernindo o prazer da dor. Seu excesso indica muita energia sexual, magnetismo e poder de sedução, provocando atração e a constante invasão do seu espaço íntimo pelas pessoas. Por outro lado, dificulta o equilíbrio nas relações por deixar toda análise num campo sensível e não palpável, e acaba fazendo do contato com o mundo uma relação sexual. Sua ausência causa medo de se expor ao contato físico, medo de tudo que é novo e falta de magnetismo. Veio para aprender a lidar com as coisas novas e participar mais da vida, principalmente para compreender o ente humano por meio das suas sensações. Em outras palavras, veio experimentar as coisas da vida. Suas marcas registradas são a fragilidade, a falta de presença física.

Casa 6 Cabeça/Atividade

Simbolizada pelo número 6, é a casa da família e das organizações mental e social. Indica de que maneira o espírito lida com a sociedade, principalmente no âmbito do trabalho e da família. Esta casa mostra o nível de responsabilidade social e de consciência familiar adquirido em outras encarnações, e qual será o seu comprometimento nesta encarnação com os membros da família e os filhos. Seu excesso indica forte ligação com a família e com a casa, uma mente organizada e metódica e grande senso de justiça, mas também uma forte tendência ao ciúme e à inveja que pode levá-lo ao autoritarismo e a uma vida convencional e tradicionalista. Sua ausência mostra falta de método, dispersão e afastamento das relações de família, dos filhos e da sociedade. Veio para aprender a viver em família e a respeitar o próximo e encontrar seu lugar no enredo da vida social. Em outras palavras, um motivo mais nobre para viver. Suas marcas registradas são a irresponsabilidade, o descaso e a inabilidade para viver em sociedade.

Casa 7 Estômago/Eficiência

Simbolizada pelo número 7, é a casa da espiritualidade. Indica o nível de compreensão do espírito acerca da vida material e espiritual. Mostra como lida com o inconsciente e como manifesta esta compreensão no concreto, ou seja, na vida social. É a casa da fé, não só religiosa, mas principalmente a fé em si mesmo. Seu excesso mostra perspicácia mental, desejo de perfeição, muita confiança em si e naquilo que estudou e vivenciou, além de uma consciência espiritual plena. Sua ausência indica falta de fé em si e na espiritualidade. Tudo é questionável e a dúvida é a grande companheira. Traz também dificuldade de manter relações sólidas e concretas e medo de expor seus sentimentos. Veio para aprender a controlar seus instintos; obter a orientação espiritual que faltou em outras encarnações;

aprender a confiar em seu potencial; e ser mais profundo na relação com outros e com o mundo. Suas marcas registradas são a intransigência, a desconfiança, a timidez e o escapismo.

Casa 8 Coração/Eficiência

Simbolizada pelo número 8, é a casa da criação, tanto no mundo material como no espiritual. No mundo material é simbolizada pelo dinheiro e pelos negócios; no mundo espiritual, pelo oitavo orifício, a gravidez, e a capacidade de gerar e cuidar dos filhos. Indica o espírito que tem conhecimento de todos os estágios anteriores, o chamado conhecimento de causa, e está pronto para criar e traduzir esse conhecimento na prática, melhorando sua vida e a da sociedade em que vive. Seu excesso mostra bom entendimento da vida prática e social, a possibilidade de gerar muitos filhos e abrir a porta para um novo tempo, além de um talento natural para os negócios. Sua ausência indica mau discernimento da vida prática, ganância, excessiva preocupação com dinheiro ou o desapego completo. Todos que têm ausência do 8 têm o símbolo do infinito, que faz com que se tenha a enorme possibilidade de ganhar dinheiro e igualmente a mesma probabilidade de perdê-lo. Veio para aprender o significado da vida prática, entender a engrenagem acima da matéria, e que controla a sociedade, acertar seu carma na esfera dos filhos, que pode acontecer tanto na gestação como no nascimento ou no relacionamento com eles ao longo da vida. Suas marcas registradas são o orgulho, a ambição e o excessivo valor dado às coisas materiais.

Casa 9 Cabeça/Eficiência

Simbolizada pelo número 9, é a casa da intuição e da mediunidade. Indica o nível máximo da compreensão da vida material e espiritual, é o elo e a comunicação com os dois planos (material e espiritual). Mostra o espírito que já estagiou em todos os níveis da experiência humana e adquiriu uma compreensão humanitária e filosófica da vida, buscando assim a paz e a ajuda desinteressada ao próximo. Seu excesso indica grande poder mediúnico e percepção da realidade. Age como se fosse uma grande antena capaz de captar vários tipos de energia e pode, independentemente do viés religioso, ser médium ou assistente social natural. Tem tendência ao exagero e está frequentemente mais preocupado com a vida alheia do que com a sua. Sua ausência indica incompreensão e desinteresse pelos problemas sociais, falta de percepção mais apurada de si e do mundo. Embora tenha muito pouca mediunidade, será facilmente envolvido por influências energéticas negativas e de ondas-pensamento. Veio para aprender a amar o próximo e a si mesmo, elevar sua qualidade moral e intelectual e criar maior vínculo com as pessoas. Suas marcas registradas são o egoísmo, o interesse e a insensibilidade.

Os espíritos que têm sua matriz completa passaram por todos os estágios dos trabalhos carnais. Por esse motivo, tendem a ser muito mais evoluídos, mas as suas responsabilidades serão muito maiores nesta encarnação, já que atingiram um grau elevado de evolução. Sua missão é ajudar os outros a alcançarem o mesmo estágio. Durante toda a passagem nesta encarnação agirão como facilitadores ou intermediários e poderão ocupar espaços de destaque e cargos importantes para que possam exercitar a bondade e a moral que aprenderam em encarnações passadas. Como não têm provas específicas nem doenças diretamente relacionadas com suas missões, poderão passar incólumes ou ser propensos a ter todos os tipos de doenças e provas.

Embora as características apontadas na matriz sejam profundas e tenham raízes cármicas, podem ser superadas a qualquer momento. Como fazem parte do aprendizado ou das lições a serem aprendidas durante esta encarnação, podem ser superadas na infância, na adolescência ou na fase adulta e, em alguns casos, até na maturidade. Basta que haja compreensão, enfrentamento e assimilação do problema e que não esqueçamos que nossa idade real é infinitamente superior à atual, se partirmos, é claro, da premissa de que vivemos várias encarnações. Portanto, dentro dessa lógica, seu filho pode ser um espírito mais velho e evoluído que você. Esse acúmulo de experiências permitirá a compreensão e a superação do problema a qualquer momento, por isso, deve-se tomar cuidado na hora de fazer qualquer análise.

A matriz pode também identificar como cada espírito vai se relacionar com o outro, tanto no campo amoroso como no social e familiar. Basta apenas cruzar as matrizes dos espíritos que se quer analisar para ter um panorama provável de qualquer relação. As ausências vão simbolizar aquilo que não se completou com a relação e que, fatalmente, serão os pontos de divergência. Os excessos vão simbolizar a tendência da relação que poderá causar desequilíbrio ou intensa interatividade. A presença de todos os números simboliza harmonia e serenidade. Na numerologia não há o par perfeito, a cara-metade; todos trazem uma mensagem. A relação existe porque há a necessidade de aprender. Onde há contradição ou diferenças vai haver invariavelmente harmonia e assimilação, portanto toda relação é e será válida.

Oráculo, o Mapa Numerológico

No passado, há cerca de 3 mil anos, o oráculo era a forma de consulta que as pessoas e principalmente os reis utilizavam para encontrar respostas às suas dúvidas sobre o presente e o futuro. As cavernas e os templos, como o famoso oráculo de Delfos, que reinaram por mais de mil anos, foram aos poucos dando lugar ao adivinho particular, o profeta.

Nos dias de hoje, de certa forma mantemos ainda a tradição dos templos e dos profetas, manifestos em várias religiões e nos adivinhos particulares, como astrólogos, cartomantes, numerólogos e outros. Assim como no passado, a forma de transmissão de informações e respostas é feita por meio de um médium (intermediário), seja um padre, um pastor, entidades incorporadas ou manifestas, nos templos de umbanda e candomblé, e até mesmo as ciganas que encontramos nas ruas da cidade.

Da manifestação espontânea passamos à formação de médiuns e desta para uma certa profissionalização da atividade.

Se o destino um dia esteve nas mãos dos deuses, o poder de revelá-lo está nas mãos dos médiuns. Essa apropriação, é claro, se deve, por um lado, ao conformismo natural das pessoas, que com raras exceções não se julgam aptas a tomar para si a responsabilidade do próprio destino, e, por outro, à separação natural das atividades dentro da sociedade, que faz com que não se tenha tempo integral nem parcial para o desenvolvimento das atividades ditas espirituais. Diante disso, a sociedade cria mecanismos para que se possa eleger alguém que fique responsável pela atividade espiritual de todos os membros e, como tudo na história do homem, isso acaba se transformando em poder e privilégios, aumentando com o passar do tempo a ignorância e instituindo um poder paralelo, antinatural e mentiroso.

A verdade é que os médiuns nada mais fazem do que ler o plano traçado por nós mesmos. Em suma, o que eles veem é o que nós fornecemos a eles, seja por códigos como o nome, seja pela onda-pensamento.

A numerologia é também um oráculo, só que sem intermediação. A consulta é direta: você formula as perguntas e obtém as respostas. Num primeiro momento, ela lhe responderá sobre aspectos pessoais, referentes a sua missão, enredo familiar, lições cármicas, tendência profissional e amorosa. No segundo momento, dará respostas sobre ocorrências do passado, do presente e do futuro desta encarnação. No terceiro momento, poderá fornecer dados sobre qualquer pessoa que se relacione ou não com você e todas as informações sobre negócios e até empresas, bastando ter nome e data de nascimento do que e de quem se quer analisar.

A numerologia não é um exercício de curiosidade, tampouco deve ser usada como instrumento de poder sobre os outros. Ela é lembrança e restituição do nosso poder sobre o chamado destino. Ao fazer o seu mapa ou o de qualquer outra pessoa você estará provando, por intermédio da matemática, a extensão do seu ser e podendo tomar para si o poder de conduzir seu projeto de vida em bases mais reais e próximas daquilo que você é e do que aprendeu.

Montagem dos Mapas

1. O primeiro passo é consultar o alfabeto numerológico.
2. Faça a decomposição do nome, separando as vogais e consoantes, e depois some-as.
3. Faça a decomposição da data de nascimento, dia, mês e ano completo.
4. Calcule o ano pessoal, o mês pessoal, o dia pessoal e os momentos decisivos.
5. Preencha a matriz numerológica.

1	2	3	4	5	6	7	8	9
A	B	C	D	E	F	G	H	I
J	K	L	M	N	O	P	Q	R
S	T	U	V	W	X	Y	Z	

Decomposição do nome

VOGAIS		1		1	5		9	1			1		T=18
NOME	W	A	N	D	A	L	E	N	Z	I	A	C	H	A	R	
CONSO-ANTES	5		5	4		3		5	8				3	8		9	T=50

Idealidade (vogais): 18 = 1 + 8 = 9
Impressão (consoantes): 50 = 5 + 0 = 5
Expressão (V + C): 9 + 5 = 14 = 1 + 4 = 5

DATA DE NASCIMENTO (Dia/Mês/Ano)	1	9	0	3	1	9	2	2	T 27

Destino: 27 = 2 + 7 = 9

MAPA 1

Nome: Wanda Lenzi Achar	
Data de nasc.: 19/3/1922	Data solicitada: 22/10/2002

Idealidade: 9 Expressão: 5
Impressão: 5 Destino: 9

Ano Pessoal: 8   Mês Pessoal: 9   Dia Pessoal: 4

Momentos Decisivos:

0h01 às 6h00: 4   6h01 às 12h00: 4
12h01 às 18h00: 8   18h01 às 0h00: 8

	ESTÔMAGO	CORAÇÃO	CABEÇA
PENSAMENTO	1111		33
ATIVIDADE	4	5555	
EFICIÊNCIA		88	99

MAPA 2

Para fazer a análise do dia a dia, monte o calendário do mês.

CALENDÁRIO
Outubro de 2002

DOMINGO	SEGUNDA	TERÇA	QUARTA	QUINTA	SEXTA	SÁBADO
		1 1	2 2	3 3	4 4	5 5
6 6	7 7	8 8	9 9	10 1	11 2	12 3
13 4	14 5	15 6	16 7	17 8	18 9	19 1
20 2	21 3	22 4	23 5	24 6	25 7	26 8
27 9	28 1	29 2	30 3	31 4		

1	2	3	4	5	6	7	8	9
A	B	C	D	E	F	G	H	I
J	K	L	M	N	O	P	Q	R
S	T	U	V	W	X	Y	Z	

Decomposição do nome

VOGAIS											T =
NOME											
CONSOANTES											T =

Idealidade (vogais):
Impressão (consoantes):
Expressão (V + C):

MAPA 1

Nome:	
Data de nasc.:	Data solicitada:
Idealidade: Impressão:	Expressão: Destino:
Ano Pessoal:	Mês Pessoal: Dia Pessoal:

Momentos Decisivos:

0h01 às 6h00:   6h01 às 12h00:
12h01 às 18h00:   18h01 às 0h00:

	ESTÔMAGO	CORAÇÃO	CABEÇA
PENSAMENTO			
ATIVIDADE			
EFICIÊNCIA			

MAPA 2

Para fazer a análise do dia a dia, monte o calendário do mês.

CALENDÁRIO

DOMINGO	SEGUNDA	TERÇA	QUARTA	QUINTA	SEXTA	SÁBADO

Bibliografia

ARGUELLES, José. *O fator maia*. São Paulo: Cultrix, 1999.

ASIMOV, Isaac. *No mundo dos números*. São Paulo: Francisco Alves, 1983.

BOYER, B. Carl. *A história da matemática*. Trad. Elza E. Gomide. São Paulo: Edgar Blücher, 2001.

CAMAYSAR, Rosabis. *Numerologia*. São Paulo: Pensamento, 1989.

CHARON, Jean C. *O espírito, este desconhecido*. São Paulo: Melhoramentos, 1990.

CRITELLI, Dulce Mara. *Existência fascinada*. São Paulo: PUC, 1985.

DAVIES, Paul. *O quinto milagre – a busca da origem da vida*. São Paulo: Companhia das Letras, 2000.

DI BERNARDI, Ricardo. *Reencarnações em xeque*. Londrina: Universalista, 1997.

DODGE, Ellin e SCHULER, Carol Ann. *Manual de numerologia*. São Paulo: Pensamento, 1995.

GREENE, Brian. *O universo elegante*. São Paulo: Companhia das Letras, 2001.

HAWKING, Stephen W. *Uma breve história do tempo*. Rio de Janeiro: Rocco, 1988.

HITCHCOCK, Helyn. *A maga dos números ao seu alcance*. São Paulo: Pensamento, 1972.

IFRAH, Georges. *Os números – a história de uma grande invenção*. São Paulo: Globo, 1989.

KARDEC, Allan. *Obras póstumas*. São Paulo: IDE, 1993.

_____. *Coleção Os Pensadores*. São Paulo: Abril Cultural, 1973.

_____. *A Gênese*. Rio de Janeiro: FEB, 1944.

_____. *O céu e o inferno*. Rio de Janeiro: FEB, 1944.

PIRES, J. Herculano. *Os filósofos*. São Paulo: Feesp, 2001.

RINPOCHE, Sogyal. *O livro tibetano do viver e do morrer*. São Paulo: Talento, 1999.

SANCHEZ, Wladimyr. *Desmistificando o dogma da reencarnação*. São Paulo: Ipece, 2002.

_____. *A influência dos espíritos no nosso dia a dia*. São Paulo: USE, 2001.

SANTOS, Mario Ferreira dos Santos. *Pitágoras e o tema dos números*. São Paulo: Ibrasa, 2000.

_____. *O um e o múltiplo em Platão com Parmênides*. São Paulo: Logos, 1958.

_____. *Filosofia concreta*. São Paulo: Logos, 1957.

_____. *Noologia geral – a ciência do espírito*. São Paulo: Logos, 1956.

_____. *Tratado de simbólica*. São Paulo: Logos, 1956.

_____. *O homem que nasceu póstumo. Temas nietzschianos*. São Paulo: Logos, 1954.

SIMPSON, Jean. *Números quentes*. São Paulo: Nova Cultural, 1989.

TAHAN, Malba. *Numerologia*. São Paulo: Americana, 1971.

WEED, Joseph J. *Oráculos e métodos de profecia*. São Paulo: Pensamento, 1971.

WESTCOTT, W. Wynn. *Os números, seu poder oculto e suas virtudes místicas* [1ª edição 1890]. São Paulo: Pensamento, 1995.

XAVIER, Francisco Cândido e VIEIRA, Waldo. *Mecanismos da mediunidade*. Rio de Janeiro: FEB, 1959.

Leitura Recomendada

Númerologia Cabalística
"A Última Fronteira"

Prof. Carlos Rosa

Os números estão sempre presentes na vida de todos nós e suas energias ou vibrações agem como facilitadores para que toda pessoa possa conquistar seus objetivos com mais facilidade e equilíbrio. A Numerologia Cabalística é uma ciência exata existente há mais de 8 mil anos, por meio da qual um profissional da área faz o mapa numerológico, que pode ser pessoal ou empresarial, e este indica ao consulente o melhor caminho a seguir para essa conquista.

Números
As pegadas da divindade

Ivan Newton Lima Guimarães

O sábio matemático da Antiguidade, Pitágoras, já dizia que tudo o que existe no Universo é regido pelos números. O conhecimento a respeito dos números é um conceito que pode ser expandido quando se adiciona a ele o das Cadeias Numéricas, cuja definição básica tem início na numeração das coisas, no inventário ou na classificação das espécies.

Pitágoras
Ciência e Magia na Antiga Grécia

Carlos Brasílio Conte

A um jovem casal que aguardava a vinda de seu primeiro filho, assim falou Pitoniza, do Oráculo de Delfos: "Vinde aqui buscar respostas acerca do futuro e da felicidade... e o futuro e a felicidade serão generosos para ambos. Todos os deuses do Olimpo percebem o grande amor que vos une... e comunicam-me que, como fruto desse amor abençoado, nascerá um menino que reunirá a beleza de Adonis, a força de Hércules e a sabedoria
de Zeus... seu nome será lembrado através dos séculos e dos milênios...
E seus conhecimentos serão úteis a todos os homens, em todas as épocas... seu nome será Pitágoras, o eleito de Apolo Píton".

www.madras.com.br

MADRAS® Editora
CADASTRO/MALA DIRETA

Envie este cadastro preenchido e passará a receber informações dos nossos lançamentos, nas áreas que determinar.

Nome _____
RG _____ CPF _____
Endereço Residencial _____
Bairro _____ Cidade _____ Estado _____
CEP _____ Fone _____
E-mail _____
Sexo ❏ Fem. ❏ Masc.   Nascimento _____
Profissão _____ Escolaridade (Nível/Curso) _____

Você compra livros:
❏ livrarias   ❏ feiras   ❏ telefone   ❏ Sedex livro (reembolso postal mais rápido)
❏ outros: _____

Quais os tipos de literatura que você lê:
❏ Jurídicos   ❏ Pedagogia   ❏ Business   ❏ Romances/espíritas
❏ Esoterismo   ❏ Psicologia ❏ Saúde   ❏ Espíritas/doutrinas
❏ Bruxaria   ❏ Autoajuda   ❏ Maçonaria   ❏ Outros:

Qual a sua opinião a respeito desta obra? _____
_____

Indique amigos que gostariam de receber MALA DIRETA:
Nome _____
Endereço Residencial _____
Bairro _____ Cidade _____ CEP _____

Nome do livro adquirido: ***Numerologia – A Chave do Ser***

Para receber catálogos, lista de preços e outras informações, escreva para:

MADRAS EDITORA LTDA.
Rua Paulo Gonçalves, 88 – Santana – 02403-020 – São Paulo/SP
Caixa Postal 12183 – CEP 02013-970 – SP
Tel.: (11) 2281-5555 – Fax.:(11) 2959-3090
www.madras.com.br

MADRAS Editora

Para mais informações sobre a Madras Editora, sua história no mercado editorial e seu catálogo de títulos publicados:

Entre e cadastre-se no site:

www.madras.com.br

Para mensagens, parcerias, sugestões e dúvidas, mande-nos um e-mail:

marketing@madras.com.br

SAIBA MAIS

Saiba mais sobre nossos lançamentos, autores e eventos seguindo-nos no facebook e twitter:

@madrased

/madraseditora